LA
GUERRE FRANCO-ALLEMANDE
DE 1870-1871
sous
LE ROI GUILLAUME

PAR UN OFFICIER D'ÉTAT-MAJOR PRUSSIEN

TRADUIT DE L'ALLEMAND PAR

L. DE DIESKAU CAPITAINE D'ÉTAT-MAJOR

ET

G. A. PRIM LIEUTENANT D'INFANTERIE

ADJOINTS A L'ÉTAT-MAJOR DE LA PREMIÈRE DIVISION TERRITORIALE
DE BELGIQUE.

PREMIÈRE PARTIE.

LES ÉVÉNEMENTS JUSQU'AU 8 AOUT 1870

(avec trois annexes et quatre cartes).

PARIS.
Imprimerie et Librairie militaires
J. DUMAINE, LIBRAIRE-ÉDITEUR
Rue et Passage Dauphine, 30.

BRUXELLES.   **TURIN** ET **FLORENCE.**
C. MUQUARDT,   BOCCA, FRÈRES
HENRY MERZBACH, succ', Libraire-Éditeur.   Libraires de Sa Majesté le Roi d'Italie.

1871

FRIEDRICH KLINCKSIECK
RAIRE DE L'INSTITUT IMPÉRIAL DE FRANCE.
11 RUE DE LILLE. PARIS.

LA
GUERRE FRANCO-ALLEMANDE
DE 1870-1871
SOUS LE ROI GUILLAUME.

PREMIÈRE PARTIE.

ANVERS. — IMPRIMERIE J.-E. BUSCHMANN.

LA
GUERRE FRANCO-ALLEMANDE
DE 1870-1871

SOUS

LE ROI GUILLAUME

PAR UN OFFICIER D'ÉTAT-MAJOR PRUSSIEN

TRADUIT DE L'ALLEMAND PAR

L. DE DIESKAU CAPITAINE D'ÉTAT-MAJOR

ET

G. A. PRIM LIEUTENANT D'INFANTERIE

ADJOINTS A L'ÉTAT-MAJOR DE LA PREMIÈRE DIVISION TERRITORIALE
DE BELGIQUE.

PREMIÈRE PARTIE.

LES ÉVÉNEMENTS JUSQU'AU 8 AOUT 1870

(avec trois annexes et quatre cartes).

PARIS.

Imprimerie et Librairie militaires

J. DUMAINE, LIBRAIRE-ÉDITEUR

Rue et Passage Dauphine, 30.

BRUXELLES.	TURIN ET FLORENCE.
C. MUQUARDT,	BOCCA, FRÈRES
HENRY MERZBACH, succ', Libraire-Éditeur.	Libraires de Sa Majesté le Roi d'Italie.

1871.

Tous droits réservés.

AVANT-PROPOS.

Les événements qui se déroulent devant nos yeux sont d'une telle importance et se succèdent avec une telle rapidité, qu'ils réclament une critique impartiale et prompte, avant même que la fièvre qui en est la conséquence inévitable, ne soit entièrement calmée.

Toutefois, livrer au public et à la science un exposé des faits les plus marquants butinés dans un sujet aussi fertile que le nôtre, ou une compilation des éléments recueillis par les journaux et qui n'ont été que le canevas sur lequel ils ont brodé leurs récits, serait répondre bien imparfaitement aux exigences du présent.

L'auteur a donc pris à tâche d'offrir au lecteur une relation exacte et raisonnée de la guerre franco-allemande de 1870-1871. Partant d'un examen approfondi de la situation militaire de l'époque, il s'est appliqué à con-

struire une œuvre scientifique, homogène et bien coordonnée, qui serve à la fois de stimulant à la réflexion, et de guide à la formation d'une opinion précise sur différents points essentiels qui se rattachent aux opérations stratégiques de cette campagne mémorable.

Cependant, en présence des lacunes qui ne peuvent manquer de subsister — les événements étant tout récents et parfois assez imparfaitement élucidés — l'auteur ne peut avoir la prétention, malgré tous ses efforts, de produire un travail défiant toute critique. Il croit de son devoir de prévenir les spécialistes militaires que ce livre, dédié à l'étude, n'est qu'une pierre ajoutée à l'édifice que l'histoire seule pourra élever un jour en son entier, alors qu'elle se trouvera en possession de tous les matériaux nécessaires.

Les indications de troupes, sur les cartes annexées à l'ouvrage, ont pour objet de faciliter l'intelligence des marches de concentration sur les bases d'opérations, et celle des mouvements exécutés sur les champs de bataille.

L'AUTEUR.

Janvier 1871.

I.

Résumé historique des causes de la guerre.

En dotant d'une grande puissance les institutions militaires de la Prusse, les Hohenzollern n'avaient nullement en vue de se prémunir contre des tendances révolutionnaires du peuple : La politique *extérieure* et le désir d'augmenter la prospérité de leurs sujets, en leur procurant le respect et la considération de leurs voisins, furent les seuls mobiles qui les poussèrent à exalter l'esprit militaire de la nation. Qui donc, aujourd'hui, oserait assigner un autre but aux perfectionnements admirables, profondément raisonnés, apportés à notre organisation militaire, et qui ne furent possibles qu'avec l'aide d'une économie sage et bien entendue. Les idées premières des modifications successivement introduites, surgissaient spontanément de l'esprit du monarque lui-même, comme nous en trouvons l'exemple chez Frédéric le Grand et Guillaume Ier, ou bien elles étaient conçues par des hommes auxquels le souverain vouait une confiance extrême, loyale et désintéressée, comme le fit Frédéric-Guillaume III.

La fierté et la dignité allemandes, grandies par l'introduction, en Prusse, du service obligatoire pour toutes les classes de citoyens, présidaient à cette régénération militaire. En présence de garanties aussi solides, on ne voyait se manifester que rarement, et d'une façon toute superficielle, ces tendances rétrogrades qui ne sont que trop souvent une exploitation des convictions religieuses, au profit de certaines utopies gouvernementales! Le peuple était chrétiennement pieux, mais il ignorait ce que c'est que le fanatisme politique. Des manifestations de ce genre ne pouvaient d'ailleurs se concilier avec le militarisme qui, sous l'impulsion des souverains, avait pris dans le pays des proportions si considérables.

L'éducation militaire, comme base de la direction imprimée au travail intellectuel de la nation, favorisa la culture de l'esprit et du cœur. Chacun des Etats de l'Allemagne portait le germe de la réforme, et, à l'exemple de la Prusse, il devait éclore partout où la nation était gouvernée par la sagesse et l'honnêteté. Là où les tendances militaristes s'accentuaient, l'esprit, réveillé par le développement de l'intelligence et du sens moral, ne pouvait marcher que dans la voie du progrès. Mais — que notre principal objectif soit toujours la grandeur, l'unité et la liberté de la patrie allemande! — Allemande, oui! car on trouve sur les champs de bataille de *Wissembourg*, *Woerth*, *St-Privat*, *Beaumont*, *Sedan* et tant d'autres, la preuve irrécusable que les nations de l'Allemagne, quoique physiquement démembrées, n'avaient pas perdu l'esprit teutonique, et que le vieux sang germain coulait toujours dans leurs veines.

C'est la Prusse, toutefois, qui fut le berceau de notre brillante organisation militaire. Le recrutement d'armées de volontaires, pendant les guerres que nous faisions autrefois pour secouer le joug de l'étranger, fut l'embryon d'où naquit l'institution du service obligatoire dans notre landwehr.

Lorsqu'en 1813 la Prusse vit s'allier aux tendances les plus humanitaires, sa force militaire nationale toujours croissante et unique en Europe, les hommes les plus intelligents de l'époque devaient être profondément convaincus que les faits d'armes du *Katzbach*, de *Groosbeeren* et *Dennewitz*, de *Leipzig*, *Laon*, *Paris*, *Belle-Alliance*, etc, exerceraient une influence décisive sur la grandeur future de l'Etat, et surtout du Nord allemand. Dans leur conviction, la Prusse devait arriver à une puissance majestueuse, obtenir ses frontières naturelles, et, tout en fraternisant à droits égaux avec le Sud, posséder un jour en propre, des forces assez imposantes pour résister à toute attaque venant de l'extérieur.

Parmi les esprits éclairés qui caressaient un si bel avenir se trouvait, en première ligne, le second fils du roi Frédéric-Guillaume III, le prince Guillaume, l'enfant préféré de notre reine Louise d'impérissable mémoire. Lorsque le jeune Hohenzollern, atteignant l'âge viril, put s'assurer que ce vœu légitime n'avait été rempli sous aucun rapport, il en ressentit une douleur profonde. Sans se douter qu'il serait appelé un jour à poser sur sa tête la couronne de ses aïeux, il fut péniblement affecté à la vue du déchirement intérieur de la Prusse, et des dissensions qui résultèrent de la scission de l'Etat en deux partis politiques nettement tranchés. Il avait été témoin des épouvantables coups du sort que Napoléon Ier avait fait tomber sur la maison de son père ; les craintes d'une nouvelle invasion par l'ouest, vinrent assombrir les premières années de sa vie politique, si éclatante sous tous les autres rapports.

La Providence, contre son attente, le plaça sur le trône et lui confia les destinées de la Prusse, au moment où il venait d'apprécier exactement la situation : La tache qui souillait l'histoire moderne de l'Allemagne se dressa devant lui comme un spectre, et ne cessa de l'obséder. En effet, grâce à la perfidie de la France, à la lâche timidité ou à la malveillance des autres Etats de l'Europe, la Prusse, malgré ses glorieux et sanglants succès, n'était grande puissance que de nom, et nullement en mesure d'offrir à l'Allemagne une protection efficace.

Pour résister à une nouvelle invasion du territoire allemand par les armées de la France, vaincue au prix de tant de sang, les plans hypothétiques de notre grand état-major durent se borner pendant plus de trente ans, à ne trouver que dans l'Elbe une ligne de défense suffisante contre les forces françaises, et derrière laquelle l'armée prussienne pût se croire à peu près en sûreté.

Au point de vue stratégique, le Rhin allemand ne pouvait être considéré à cette époque comme une position militaire, car c'était par grâce de la France que les provinces rhénanes étaient gouvernées par des princes allemands, sans protectorat français. Le Rhin n'acquit une certaine importance stratégique qu'après que Cologne fut mise en état de se défendre, par la construction de la ceinture de forts qui l'entoure, et après l'achèvement et l'armement des autres places de guerre, échelonnées le long du fleuve. Notre état-major espérait, en cas d'événement, pouvoir conserver cette position pendant un certain temps, à condition toutefois que les Etats de la Confédération germanique fissent leur devoir.

Cependant, nos flancs restaient encore à découvert : Point de protection du côté de la mer ; point d'influence sur l'Allemagne du Sud, par le territoire de laquelle l'obstacle pouvait être tourné, s'il plaisait aux Français, partant de *Strasbourg* — cette ville allemande dont ils nous avaient dépouillés — de franchir le Rhin supérieur et de faire irruption par les passages de la Forêt-Noire et le défilé de Stockach.

Enfin, après de grands efforts, la Prusse parvint à élever les fortifications d'*Ulm* et de *Rastadt*, à l'aide de son propre génie et de ses propres fonds. Si la Confédération germanique avait été réellement unie, nous savons aujourd'hui par expérience que la liaison de ces points avec Mayence, et la valeur des troupes allemandes, auraient suffi pour nous garantir d'une manière satisfaisante contre toute surprise. Cependant en 1850, si la *paix d'Olmütz* — peu honorable pour la Prusse — n'eût mis promptement un terme aux hostilités, nos soldats et ceux de l'Autriche se seraient bientôt entr'égorgés dans les rues mêmes de cette perle des forteresses rhénanes, de cette grande et solide porte du Mein.

L'état de notre situation militaire rendait cette paix indispensable, malgré les protestations nombreuses et patriotiques qu'elle souleva. Nous étions tactiquement et stratégiquement trop faibles pour tenir tête à l'Autriche, c'est-à-dire que l'Allemagne n'était pas assez fortement unie pour opposer une volonté ferme et constante à la politique raide des Schwarzenberg, qui, depuis l'année précédente, trouvait un certain appui à la cour de Russie. Après la paix d'Olmütz, l'esprit de ceux de nos patriotes qui jugeaient sainement et impartialement des choses, fut frappé de nouveau de l'insuffisance de la ligne défensive de nos frontières.

Le prince de Prusse non plus ne se faisait la moindre illusion à cet égard. Cependant l'Autriche, se laissant égarer par notre faiblesse tactique et par l'insuffisance de notre armée — qui n'était nullement en état de répondre aux exigences du moment — avait outrepassé les limites que la saine raison assignait à ses prétentions. Les patriotes du Nord ne lui ont jamais pardonné d'avoir renversé l'échafaudage ébauché de l'unité allemande. Dès ce moment, n'usant d'ailleurs que d'influences morales, tous leurs efforts tendirent, avec beaucoup de succès, à greffer dans l'opinion publique l'idée que l'Autriche devait être exclue de la Confédération.

Les procédés de cette puissance portèrent, dans l'esprit du prince, un coup terrible aux idées dans lesquelles il avait été élevé, et que le testament de son père avait encore considérablement affermies. Les événements qui venaient de se produire le confirmèrent dans l'opinion que la Prusse, en présence de ses frontières immuables et de la division qui existait entre les souverains allemands, possédait une armée *beaucoup* trop faible. Cette conviction servit désormais de guide à tous les actes de sa vie et fut la cause principale de notre prospérité.

Nous ferons remarquer encore, que l'âme noble et généreuse de notre futur souverain avait conservé l'empreinte des sympathies que, d'après les traditions de sa jeunesse, il avait vouées à l'Autriche. Aussi ne vit-il que dans la France l'ennemi réel du royaume, celui qui seul avait porté autrefois au pays des coups si funestes, et contre lequel il ne se trouvait pas suffisamment protégé, vu le peu de solidité de ses forces militaires; quant à l'Autriche, le prince était porté plutôt à la considérer comme une sœur allemande errant dans une fausse voie.

C'est pourquoi, sollicité d'un côté par ses instincts pacifiques, de l'autre par l'amour profond qu'il portait à tous les Allemands, il lui fut excessivement pénible, en 1866, de tirer l'épée contre elle. C'est aussi pour cette raison que, faisant preuve d'une noble possession de soi-même, il sut, dans sa course victorieuse, s'arrêter aux portes de Vienne,...... et non aux portes de Paris.

Ce furent néanmoins les événements de 1859, qui décidèrent positivement notre souverain à travailler immédiatement et énergiquement à l'intérêt général du pays, dans le sens de ses convictions à l'égard de la France. Que d'appréhensions encore, lorsque le prince-régent et le ministre de la guerre de Bonin virent partir cette année-là pour Mayence, les beaux régiments prussiens, moitié troupes de ligne, moitié landwehr.

Si Napoléon, après la rapide campagne d'Italie, avait été mieux armé, et s'il avait réussi à faire subir un premier échec à notre landwehr, en jetant sur la Prusse ses troupes encore ivres de leurs récents succès — au lieu de satisfaire sa susceptibilité sur la question d'intervention des Etats de l'Allemagne en faveur de l'Autriche, par des phrases banales adressées aux envoyés — qu'aurions-nous eu de forces disponibles dans le pays? Rien que le second ban, destiné uniquement à la garde des places fortes et propre à peine au service de garnison; dans lequel tous les hommes étaient admis malgré les infirmités les plus graves, et qui ne disparut que lorsque la réorganisation de l'armée vint remuer notre institution militaire jusque dans ses parties les plus infimes.

Ces circonstances furent le critérium de notre impuissance et firent ressortir, aux yeux du prince-régent, la nécessité absolue de procéder sans délai au perfectionnement de notre système militaire. Remercions-le aujourd'hui, non-seulement nous, Prussiens, mais l'Allemagne entière, d'avoir jeté un si vif éclat sur cette armée qu'il guida glorieusement dans le chemin de l'honneur. Il reconnaîtra volontiers avec nous, que c'est par la grâce de Dieu que les campagnes de 1864 et 1866 lui donnèrent, à lui et à ses soldats, l'occasion de se préparer à la lutte gigantesque qui vient de se terminer.

La guerre contre la France était prévue, longtemps avant que les différends, causes de ces deux premières campagnes, ne se fussent élevés. Quel est l'historien sérieux qui chercherait dans *Sadowa* et ses suites, les motifs de ce terrible duel? Non! La génération contemporaine, la nation française tout entière avait été *élevée* dans l'idée que Waterloo demandait vengeance, et que la France avait des droits incontestables sur la rive gauche du Rhin — au lieu d'être amenée à reconnaître les fautes de ses pères.

La France prétendait à grand bruit élever un temple à la civilisation, quand en réalité elle ne faisait qu'entretenir au cœur de la nation une vanité ridicule, et nourrir le sot préjugé qu'elle, la grande, la première des premières, devait nous punir de nos victoires.

Les traités de 1815 étaient en pièces : La France s'était vengée de la Russie à Sébastopol, de l'Autriche à Magenta; restait le moins important des alliés, la Prusse qu'elle guettait. La réorganisation de notre armée, après la paix de Villafranca, fut un échec au chauvinisme à l'affût.

Il dut attendre ; il attendit — puis vint *Sadowa !*

La France éclata finalement lors de la question de régularisation des frontières. Cependant le roi Guillaume et M. de Bismarck firent tête à l'orage, et son arrogance se cabra sous l'aiguillon d'une fureur latente.

Toutefois la paix avec la France nous était encore nécessaire, et notre diplomatie parvint à calmer l'aveugle passion de cette puissance par une concession : La place de Luxembourg fut évacuée.

La France, un moment effrayée de son impuissance, forma le projet de s'ANNEXER LA BELGIQUE, en cherchant à circonvenir la politique de la Prusse ; mais le comte de Bismarck, notre grand homme d'Etat, ne fut point dupe de ces manœuvres, et la question prussienne resta, cette fois encore, à l'état de larve dans le cœur des Français.

Cependant le chauvinisme finit par l'emporter sur la circonspection. Pendant quatre ans, la France ne fit que s'occuper de ses armements. Des rapports militaires de source allemande, la presse française elle-même nous renseignaient exactement à cet égard, et cette dernière ne mettait aucun frein à ses incitations belliqueuses. Il était déjà question de chassepots, de mitrailleuses, de garde mobile ! Feu le maréchal NIEL, alors ministre de la guerre, exécuta pendant cette période des choses étonnantes en ce qui concerne le matériel militaire, et le maréchal LE BŒUF, son successeur, pouvait certes dire à l'empereur avec quelque apparence de fondement : « *Sire, nous sommes prêts !* »

II.

Exposé de la situation militaire de la Prusse avant le conflit.

Que fîmes-nous après Königgrätz ? Quelle était notre situation, quand, de l'autre côté du Rhin, on s'occupait si activement de la fabrication des chassepots et des mitrailleuses ? Les sentiments de nos chers voisins à notre égard, ne nous étaient pas inconnus. *C'est en leur honneur que nous avions réorganisé notre armée;* les campagnes de 1864 et 1866, outre les grands avantages qu'elles nous avaient assurés, nous avaient donné l'expérience — et l'ancienne lutte entre la France et nos pères n'était pas effacée de notre souvenir.

Le roi Guillaume était aussi vigoureux que par le passé ; la journée de Königgrätz avait retrempé ses muscles d'acier. Quant à son âme, elle n'avait nul besoin de régénération ; elle était restée ce qu'elle avait toujours été : d'une indulgence et d'une douceur extrêmes pour les autres, d'une sévérité rigoureuse pour lui-même. On eut dit que les couronnes de lauriers qui ceignaient son front, avaient augmenté, dans son être, l'élasticité des ressorts de la vie. Il avait à ses côtés : son fils, le PRINCE ROYAL, et son neveu, le prince FRÉDÉRIC-CHARLES, deux hommes dans toute la fleur de l'âge viril, deux héros ; le comte DE BISMARCK, dont les nerfs avaient puisé, dans un long traitement, une nouvelle énergie ; le chef d'état-major général DE MOLTKE, aussi savant que taciturne ; enfin, le ministre de la guerre DE ROON, travailleur infatiguable et d'une impartialité rare ; tous pourvus d'une grande somme d'expérience. Les *Steinmetz*, les *Falkenstein*, les *Fransecki*, les *Tumpling*, les *Zastrow*, les *Göben* et autres, jusqu'aux vaillantes réserves de Königgrätz qui, rentrées dans leurs foyers, avaient repris le manche de la charrue, tous étaient là, et vraiment, officiers et soldats n'étaient pas moins décidés qu'en 1866.

Mais aussi aucun de ceux qui étaient initiés aux préparatifs qui se faisaient en vue d'une guerre prochaine, ne pouvait avoir de craintes sérieuses : Les perfectionnements introduits dans l'armée depuis 1866 fourniraient à eux seuls la matière de bien des volumes. Le cœur d'un vieux soldat devait tressaillir d'aise en voyant défiler devant le général en chef, les régiments de création récente de l'Allemagne du Nord.

Un ancien officier, retraité depuis quelques années, qui franchissait de nouveau le seuil d'une chancellerie militaire, trouvait des rayons entiers chargés de volumes ne traitant que des droits et des devoirs de l'armée du Nord, et qui lui étaient tous inconnus ; lui-même devait se considérer comme étranger à l'armée prussienne. Cependant, dès qu'il les parcourait, il y retrouvait l'ancien esprit de drapeau ; mais il devait être frappé d'étonnement en voyant toutes les circonstances qui avaient été prévues, toutes les précautions qui avaient été prises, et qui avaient échappé aux plus habiles de son temps.

Celui qui s'était occupé plus spécialement de matériel, avant la période qui comprend la dernière campagne, ne pouvait en croire ses yeux quand il visitait, en 1870, nos dépôts, nos magasins, nos arsenaux. En 1866, nos batteries de campagne n'étaient pas encore toutes pourvues de pièces rayées; ce qui a été exécuté depuis, rien qu'en ce qui concerne l'artillerie, tient du prodige. Nous pouvons en dire tout autant de l'infanterie et de la cavalerie, où, depuis 1866, la réorganisation avait été également féconde en résultats.

On nous opposera peut-être que le fusil à aiguille avait été conservé, et que le chassepot lui était supérieur; on nous demandera pourquoi, dans cette partie importante, nous n'avons pas suivi les progrès de l'époque? — Il n'y a rien de parfait sous le soleil, et malgré l'habileté et la rapidité de nos organisateurs, il leur était impossible cependant d'opérer des miracles. D'ailleurs, nous nous acheminions à grands pas vers le degré de perfection atteint par le chassepot, — mais nous ne pourrons profiter que plus tard des améliorations que nous nous occupions à introduire dans l'armement de l'infanterie.

Nous étions en possession d'une invention nouvelle : modification dans le sytème d'obturation, simplification du mécanisme, adoption d'un nouveau modèle de cartouche, qui donne au projectile une trajection plus rasante, plus tendue, et permet un tir plus rapide. Cette arme était déjà distribuée à quelques détachements, la nouvelle instruction était publiée lorsque la guerre vint à éclater; l'uniformité exigeait alors que ces détachements reprissent l'ancien fusil.

Autre considération : Nos autorités militaires auraient certainement commis une faute grave, en reconnaissant ouvertement la supériorité du chassepot et la nécessité de perfectionner l'arme en usage, avant que celle qui devait la remplacer ne fût fabriquée en quantité suffisante pour que chaque homme pût en être pourvu. Un tel aveu eut ébranlé la confiance du soldat. Comme il était impossible de modifier l'état des choses pendant la guerre, notre infériorité même, sous ce rapport, était une raison de plus pour nous jeter très-vivement sur l'ennemi, afin de le battre.

La création des mitrailleuses, dont les effets furent très-meurtriers à certains moments, nous fit encore envisager la question sur une nouvelle face. La pesanteur de cette arme, beaucoup plus lourde que notre pièce de 4, eut embarrassé plutôt que favorisé notre tactique audacieuse, qui a couvert nos bataillons de gloire, qui a fait de notre armée la première du monde, et dont le plus grand avantage consiste en une offensive très-mobile.

Du moment que nous reconnaissons que les Français avaient à leur disposition des engins aussi terribles, nous devons admettre également que les espérances que Napoléon et ses généraux plaçaient dans leur prépondérance militaire, n'étaient pas dénuées de fondement. Jusqu'en 1870, les soldats de Napoléon III avaient été invincibles; le moral des troupes devait donc, de ce côté encore, leur donner des garanties qui eussent satisfait les généraux les plus circonspects. Mais les victoires de notre armée étaient d'autant plus glorieuses qu'elles faisaient ressortir davantage la fausseté des calculs de la France.

Nous avons été plus sages que nos adversaires en n'imitant pas leur sotte forfanterie, en nous abstenant d'annoncer pompeusement et audacieusement que les Français ne résisteraient pas à l'élan prussien, à l'élan germanique. Soyons justes pourtant : La plupart d'entre nous en avaient l'intime conviction, avant même que le premier coup de canon ne fût tiré.

Il répugne aux Français de guerroyer en hiver ; il était donc pour eux d'une importance majeure que la guerre éclatât pendant l'été, et assez tôt pour que la Prusse n'eût pas le loisir de mettre entre les mains de son armée un fusil détruisant la supériorité du chassepot.

En mai 1870, parut l'instruction imprimée sur notre nouvelle arme, qui avait déjà été expérimentée. Naturellement le colonel Stoffel, envoyé militaire français près la cour de Berlin, eut connaissance de la chose ; sa police particulière lui en apprit bientôt davantage, et il n'hésita pas à prévenir le cabinet des Tuileries que si la France ne se pressait d'attaquer, l'avantage que lui assurait son armement serait inévitablement perdu. Par une singulière coïncidence, cet avis arrivait à Paris à l'époque même où la France, pour voiler ses projets hostiles, était forcée de déclarer officiellement devant le monde, qu'il n'existait alors aucun point litigieux dans la politique européenne. Malgré cette déclaration, le gouvernement napoléonien vit un grand danger dans le moindre sursis apporté à l'exécution de ses plans machiavéliques ; il fallut faire jouer tous les ressorts de la fantasmagorie diplomatique, pour trouver un prétexte de rupture : La candidature d'un prince allemand au trône d'Espagne fut le *casus belli* cherché.

Les résolutions du cabinet de l'empereur et de l'*impératrice* de déclarer la guerre à l'Allemagne avaient pris de telles racines, que l'on appréhenda aux Tuileries de voir le roi Guillaume, cédant à son caractère pacifique, mettre trop de condescendance dans le débat de la question et renverser du coup toutes les combinaisons du gouvernement français. Le duc *de Persigny* exprima formellement cette opinion vis-à-vis de l'empereur qui lui fit cette réponse significative : « *Je le* CRAINS *aussi !* »

Il existait entre le gouvernement et le chauvinisme un rapport tellement intime, que l'empereur se fût mis certainement à la recherche immédiate de nouvelles offenses, c'est-à-dire de nouveaux prétextes, si le hasard avait voulu que le roi Guillaume, à Ems, eût cédé aux instances impudentes de *Benedetti*, et consenti à donner les garanties demandées.

Les projets hostiles de la France à notre égard, qui s'étaient accentués depuis l'affaire de Luxembourg, n'étaient plus, depuis longtemps, un mystère pour notre gouvernement. Cependant nous connaissions par expérience la nature irrésolue de Louis-Napoléon ; aussi faisions-nous tout ce que permettaient notre dignité et notre sécurité, pour favoriser les tergiversations de l'empereur, en paraissant vivement désirer le maintien de la paix. Le comte de Bismarck, comme il le dit lui-même, avait certain espoir, en temporisant, de voir se produire un événement quelconque qui décidât l'empereur à ajourner l'explosion de la guerre [1]. C'est pourquoi le roi Guillaume, poussé par une noble sollicitude pour son peuple, et désirant lui conserver la paix, décida le prince héréditaire de Hohenzollern à se désister de sa candidature ; mais cette concession ne suffit pas à l'empereur, et M. de Bismarck pressentit que la parole serait bientôt au canon.

Cependant nos deux illustrations militaires, les généraux de Moltke et de Roon, en présence de l'esprit conciliant du roi Guillaume, ne se doutaient pas encore, à cette époque, de la gravité des circonstances. Immédiatement après le désistement du prince de Hohenzollern, notre

---

[1] Nous sommes convaincus aujourd'hui que, même sans Napoléon, la guerre était inévitable, tant les esprits étaient exaltés en France.

grand chef d'état-major reprit le chemin de sa campagne de Kreisau. Le ministre de la guerre, dont l'âme sérieuse et chevaleresque crut découvrir encore, chez notre ennemi juré, une étincelle de loyauté et d'honneur, dit le même jour aux employés de son département, que personnellement il ne croyait plus à la mobilisation de l'armée.

Les événements lui donnèrent tort. Il ne nous appartient pas de nous étendre sur l'épisode d'Ems, ni sur le déploiement de diplomatie qui s'y rattache. La rupture était consommée, même avant la déclaration de guerre.

La stratégie remplaça les travaux ordinaires du cabinet du souverain ; mais avant l'ouverture du temple de Janus, le comte de Bismarck aida de son habileté diplomatique la science militaire du général de Moltke, en révélant les propositions qui lui avaient été faites au sujet de la Belgique (¹). C'était un coup de maître, car le renouvellement du traité qui garantissait la neutralité de cet Etat, conséquence de ces révélations, mit l'empereur Napoléon dans l'impossibilité *de se servir du territoire belge pour y faire passer des troupes, et menacer ainsi le flanc droit des Prussiens*

(¹) Les souverains allemands en avaient reçu communication assez longtemps avant la guerre.

III.

Perfectionnements apportés dans certaines parties de l'organisation militaire de la Prusse, depuis 1866 jusqu'à l'explosion de la guerre.

Avant d'entamer le récit du drame terrible que nous avons entrepris d'éclaircir, il convient de jeter un coup d'œil rapide sur les mesures de précaution qui furent prises, tant pour alléger le plus possible les maux de la guerre, que pour assurer ou hâter nos succès.

Commençons donc par mentionner la combinaison — nouvelle depuis 1866 — du *service privé et volontaire de secours aux blessés* avec le service de santé militaire de l'Allemagne du Nord; l'*extension* des mesures prescrites par la *convention de Genève;* la formation et la propagation des *sociétés patriotiques*, qui devaient être d'une si grande utilité à tous les militaires allemands pendant la campagne.

La nouvelle organisation du *système d'étapes*, assurait sur tous les points voulus et en quantité suffisante, le personnel indispensable à la suite d'une armée engagée; par prévoyance, ce personnel avait été désigné pendant la paix. Le train des équipages, les transports de toute espèce, le service sanitaire complet, la juridiction militaire furent groupés autour d'un pivot administratif unique.

Chacune de nos armées est aujourd'hui suivie en pays ennemi, à la distance d'une journée de marche, d'un *inspecteur général des étapes* ayant sous ses ordres, pour chaque corps d'armée, un *inspecteur des étapes*, auquel ressortissent à leur tour les *commandants d'étape*, échelonnés successivement sur tout le chemin parcouru par l'armée, à partir du lieu de mobilisation des corps. Chacun de ceux-ci est relié au point de départ de son système d'étapes par une ligne de chemin de fer qui lui est particulièrement affectée. Sur les sections où les voies doivent servir aux lignes de divers corps, des stations différentes et des commandants d'étape particuliers sont assignés à chacun d'eux.

A ce rouage vient s'engrener, sous la direction du gouvernement, celui du service volontaire de secours aux blessés.

Le service des transports par chemin de fer avait également subi, depuis peu, de notables améliorations : Des conventions administratives avaient été conclues pendant la paix avec les administrations des chemins de fer, d'après lesquelles le personnel et le matériel de toute la Confédération du Nord devaient être réunis, en temps opportun et en quantités voulues, pour être mis à la disposition de chaque armée et de chaque corps d'armée, dans les endroits où les plans de concentration rendaient leur présence nécessaire. Des commissariats spéciaux de chemin de fer, composés de fonctionnaires supérieurs de l'administration et d'officiers d'état-major, formaient en quelque sorte un état-major des chemins de fer qui, d'après les instructions de l'état-major de l'armée, avait pour mission de diriger les troupes sur les voies ferrées. Grâce seulement à cette combinaison, il nous fut possible d'effectuer aussi rapidement la concentration des troupes que nous devions opposer à la France (¹).

Quant aux sociétés patriotiques, créées avec le concours de notre représentation nationale et sous les auspices du souverain, qui oserait en contester aujourd'hui les admirables résultats? N'ont-elles pas donné aux blessés des soins aussi prévoyants que dévoués? N'ont-elles pas contribué à entretenir les veuves de nos militaires tués, ou morts des suites de la guerre? Peut-il être douteux que, pendant cette lutte effroyable, leur présence n'ait relevé le courage et la confiance de nos soldats, marchant à l'ennemi avec la téméraire audace qui caractérise notre armée?

Notre infatigable souverain dirigeait et surveillait lui-même tous les travaux de perfectionnement. Exercices des armes, administration militaire intérieure et extérieure, rien ne lui restait étranger. Le génie créateur des chefs et des organisateurs, le bon vouloir des membres subalternes de l'armée furent tellement stimulés par son influence, que jamais nous n'avions eu plus de raison d'être fiers de nos institutions militaires. Sous cette direction suprême, une confiance sans bornes passait comme un courant électrique au travers de tous les éléments actifs de l'armée du Nord. Mais ce courant sollicitait également, et malgré toutes les oppositions, une révolution complète dans l'organisation des armées du Sud, révolution basée sur les traités dont nous sommes encore redevables à notre grand homme d'Etat, et qui, sous le nom de *traités de garantie*, formaient, auprès des mesures stratégiques qui se préparaient, un élément moral qui ne pouvait être prisé trop haut.

(¹) Des conventions analogues avaient été conclues également, avant la guerre, avec l'Allemagne du Sud.

L'armée française, de son côté, s'occupait également avec une activité constante, et dans toutes les sphères de sa hiérarchie, non-seulement à améliorer son armement, mais encore à se perfectionner tant généralement qu'individuellement, pour mener à bonne fin la guerre qui avait été si légèrement projetée, et si présomptueusement entreprise. On pouvait s'en convaincre en parcourant les garnisons et les grands camps français.

Et pourtant, quelle différence entre les deux armées! Dans quelle situation d'esprit le conscrit français arrivait-il au régiment? Il n'avait point de ces aspirations qui élèvent l'âme du guerrier au moment de tirer l'épée, et qui animaient, en 1866, le soldat prussien répondant à l'appel de son drapeau.

En France, une partie du contingent *(la deuxième portion* (¹)*)* n'était retenue sous les armes que pendant quelques mois, tandis que l'autre devait subir souvent, même en temps de paix, une éducation militaire de plus de quatre ans. La glorification du chassepot et la perspective d'une guerre d'invasion ne parvenaient pas à empêcher les réflexions que ne pouvaient manquer de susciter les priviléges accordés aux classes riches et considérées de la nation. L'entrée de ces classes dans la garde mobile leur procurait encore des prérogatives considérables. De plus, il leur répugnait de frayer avec l'armée permanente, à cause de l'immoralité de sa manière de vivre.

En Allemagne, il en était tout autrement : Le jeune paysan, ajourné pour faiblesse de constitution par la commission de recrutement de son cercle, avait peine à retenir ses larmes ; et quand, le dimanche suivant au service divin, il voyait cette quantité de jeunes guerriers, occupant les

---

(¹) En français dans le texte original.

premiers bancs de l'église, la poitrine couverte de médailles et de croix commémoratives, quand il surprenait les marques de considération et de respect que tous leur témoignaient, le cœur du pauvre réprouvé saignait d'une blessure profonde. Combien n'enviait-on pas le sort du jeune invalide, auquel le trésor comptait tous les mois le montant de sa pension, et qui avait devant lui un avenir assuré ! Passons aux classes plus élevées pour lesquelles ces diverses considérations n'avaient pas la même valeur, et nous pourrons nous assurer que l'uniforme de la Confédération du Nord était reçu partout comme un symbole de vertu chevaleresque, et qu'il était porté avec une certaine prédilection par les jeunes gens des meilleures maisons de nos villes hanséatiques.

Les esprits avaient été trop vivement frappés par ces circonstances, pour que l'idée d'une réforme dans le sens du service obligatoire ne trouvât bon accueil dans l'Allemagne du Sud : Un officier prussien voyageait dans le Wurtemberg pendant l'automne de l'année qui précéda l'explosion de la guerre ; après avoir assisté à la séance de la Chambre, où il avait écouté les tirades débitées contre la Prusse, il se rendit au champ des manœuvres. Quelle fut sa stupéfaction en voyant un régiment wurtembergeois en colonne, se déployer exactement de la manière et par les commandements prescrits par l'ordonnance prussienne ; depuis le commencement jusqu'à la fin de l'exercice, cet officier eut pu se figurer avoir devant les yeux un régiment prussien, tant pour l'exécution des mouvements, que pour la discipline sévère qui régnait dans les rangs.

On pouvait prévoir — non d'après ce qui se disait à la Chambre des représentants, mais d'après ce qui se passait sur les champs de manœuvres, où tous travaillaient, d'une façon peu appréciable encore, il est vrai, à se préparer à la guerre commune contre l'ennemi héréditaire de la nation allemande — qu'il ne s'en fallait que d'une étincelle, pour convaincre le monde de l'unité réelle de l'Allemagne.

Le soldat allemand était intimement persuadé que cette étincelle ne tarderait pas à briller, mais il ne pouvait se rendre compte des considérations sur lesquelles il basait cette croyance.

Quelle était donc la cause de l'activité presque fiévreuse et toujours croissante, que déployait notre armée en temps de paix, depuis 1867? A part les incitations des journaux, elle cédait à la seule impulsion que lui imprimaient les encouragements des chefs et de certains patriotes influents, et quelques indices — du genre de ceux recueillis sur le champ de manœuvres wurtembergeois — faisant présumer que les autres Etats de l'Allemagne suivaient nos traces dans la voie du progrès. Du reste, aucune instruction, aucun ordre du roi Guillaume ne prescrivait une augmentation de travail; mais en voyant notre vénérable souverain ne pas se ménager un jour, examiner toutes choses avec la plus scrupuleuse attention, et travailler constamment avec le ministre de la guerre ou le chef du cabinet militaire, le général DE TRESKOW, chacun se sentait sollicité à fournir son contigent de forces intellectuelles et corporelles, pour produire la plus grande somme de travail possible en temps de paix.

L'accroissement constant de cette activité parut tellement naturelle après 1866, que nul ne songea à nous en féliciter. On ne parlait pas davantage d'un officier ou d'un soldat qui, trop faible, soit moralement, soit physiquement, pour résister à cette dépense de forces continue, tombait comme un holocauste à la Paix.

Tous, du général au simple troupier, rivalisaient de zèle

et d'ardeur; — nous nous préparions sérieusement et en commun *à la résurrection de la croix de fer* !

Avant de terminer cette esquisse de notre travail en temps de paix, accordons un souvenir spécial de reconnaissance au général DE MOLTKE, illustre depuis 1866, qui, chargé de la haute direction de l'état-major, s'acquitta si habilement de cette mission difficile. Que d'officiers brillants n'a-t-il pas formés ! Il sut tirer judicieusement parti des éléments existants, en les utilisant à l'étude et aux perfectionnements nécessaires pour faire face à une guerre éventuelle avec la France. Quel zèle et quel talent n'a-t-il pas déployés ! Que de nuits consacrées au travail ! La création, en 1866, d'un état-major supplémentaire, avait attiré vers le centre de la science militaire, une grande quantité d'officiers intelligents, qui rapportaient à leur corps, en y rentrant, des connaissances techniques fort étendues. Le nombre de ceux qui convenaient particulièrement pour le service de l'état-major, était tellement considérable, qu'on ne put accorder des avantages spéciaux qu'aux plus distingués d'entre eux.

Nous nous faisons un devoir de reconnaître également ici l'impartialité, le zèle, la loyauté scrupuleuse avec laquelle le cabinet militaire prussien sut, d'après les instructions du roi, notre généralissime, mener à bonne fin la tâche difficile et importante qui lui incombait. Sans s'arrêter à des considérations personnelles, sans aucun égard pour les relations de familles, il s'attacha uniquement à faire arriver à la tête de l'armée les officiers les plus capables et les plus énergiques, tout en s'efforçant d'ailleurs à reconnaître aussi équitablement que possible le mérite de chacun ; le cabinet travaillait exclusivement à la gloire de la patrie, en préparant toutes choses pour le moment où notre armée, par de nouveaux et brillants faits d'armes, pourrait témoigner devant le monde, de la capacité et de l'habileté de ses chefs.

Toutes les familles des classes instruites sollicitaient des brevets d'officier pour leurs fils — et ils étaient accueillis avec empressement, pourvu que leur nom jouît d'une bonne réputation, qu'ils possédassent une instruction solide, et quelques ressources pécuniaires indispensables pour ainsi dire au prestige de leur nouvelle position. Après leur admission, il n'existait plus aucune distinction entre eux et les autres officiers de l'armée prussienne, si ce n'est celle que donnait l'ancienneté, la supériorité du grade et une aptitude extraordinaire. — *Sapienti sat!*

Voilà quelle était notre situation, nettement et sincèrement tracée, lorsque le roi Guillaume, le représentant de la puissance et de la grandeur de la nation allemande, reçut, de l'envoyé français, l'offense qui le décida à tirer du fourreau la noble épée de l'Allemagne !

La perfection de notre organisation militaire, que toute l'Allemagne appréciait, fut l'aimant qui, au moment du danger, réunit autour de cette épée toutes les forces qui lui étaient propres. La lumière devait se faire en Allemagne, dès que le rideau se fût levé sur l'horrible drame qui allait se dérouler, et à la vue des canons français qui marchaient contre nous. Le roi Guillaume, sur son trône de bronze, apparut alors aux Etats du Sud : Souverains et peuples d'outre-Mein gravirent d'un pas confiant les degrés qui conduisaient à leur protecteur, et lui rendirent hommage, avec une conviction profonde, comme au défenseur de la Germanie !

Quel est celui d'entre nous qui ne relira pas avec bonheur, après les victoires glorieuses et communes que nous avons remportées sous son commandement supérieur, les paroles simples et sérieuses prononcées par le roi au moment de partir pour le champ de l'honneur, où l'attendaient des événements à la fois si heureux et si terribles?

1. « A mon peuple!

» En me rendant aujourd'hui à l'armée, afin de combat-
» tre pour l'honneur de l'Allemagne et pour la conserva-
» tion de nos plus grands biens, je veux, en considération
» de l'élan unanime de mon peuple, accorder une amnistie
» pour crimes et délits politiques.
» J'ai chargé le ministère d'Etat de me soumettre un
» décret à cet effet.
» Mon peuple sait comme moi que ni la rupture de la
» paix, ni aucune animosité ne sont venues de mon côté.
» Mais y étant provoqués, nous sommes décidés, comme
» le firent nos pères, à accepter la lutte pour le salut de
» la patrie, en mettant notre ferme confiance en Dieu.

GUILLAUME.

BERLIN, *le 31 Juillet 1870.*

2. « A l'armée!

» L'Allemagne toute entière s'est levée en armes contre
» un Etat voisin, qui nous a déclaré la guerre à l'impro-
» viste et sans raison. Il s'agit de défendre la patrie mena-
» cée, notre honneur, nos foyers. Je prends aujourd'hui
» le commandement supérieur de l'armée, et j'accepte sans
» remords, une lutte que nos pères, dans des circonstances
» analogues, ont autrefois glorieusement soutenue.
» Comme moi, toute l'Allemagne vous regarde avec
» confiance. Notre cause est juste, nous aurons Dieu pour
» nous. »

GUILLAUME.

MAYENCE, *le 2 Août 1870.*

IV.

Le théâtre de la guerre à la frontière franco-allemande.

Il fut un temps où, sous la menace incessante d'une guerre avec la France, la faiblesse de nos institutions militaires nous inspirait de mornes réflexions, auxquelles nous nous abandonnions avec d'autant plus de résignation, qu'elles étaient malheureusement justifiées par la situation politique intérieure de l'Allemagne.

Peu après la conclusion de la paix de 1815, quelques écrivains français, militaires et autres, avaient exprimé, avec une certaine impudence, leur mécontentement au sujet de la délimitation des frontières franco-allemandes; quand le moment leur semblait propice, ils affirmaient, avec une assurance inconcevable et comme une chose toute naturelle, que dans une guerre éventuelle avec l'Allemagne, la Belgique et la Suisse serviraient de bases d'opérations offensives aux ailes de l'armée française. Cette supposition impliquait, pour la France, le retour d'une suprématie universelle, qui lui eut permis naturellement de se servir du territoire de ces Etats pour y faire passer des troupes et y établir des dépôts.

A certaines époques, les divers gouvernements de l'Allemagne crurent sérieusement à la réalisation de ces projets;

ils basèrent leurs calculs sur cette hypothèse comme sur une donnée presque certaine, et le peuple allemand, dans la situation politique où il se trouvait, ne découvrait aucun moyen de modifier l'état des choses.

Les projets d'annexion nourris par la France à l'égard de la Belgique, prouvent que les idées émises par ces écrivains ne manquaient pas de fondement. En effet, la possession de ce pays eut permis aux armées françaises de prendre en flanc les provinces rhénanes, en s'appuyant sur une ligne continue de places fortes. D'autre part, l'occupation de Genève, convoitée par Napoléon, la partie de territoire qui lui avait été cédée par l'Italie après la paix de Villafranca, cession qui l'avait rendu maître de la rive méridionale du lac de Genève, sur lequel il entretenait une petite flotille à vapeur, le tout combiné avec l'établissement d'un grand camp à Belfort, devait servir de base à une ligne stratégique traversant la Suisse, que les Français comptaient suivre pour tourner les défilés de la Forêt-Noire.

Une croyance assez généralement répandue admettait que la grande flotte que possédait la France, devait la protéger contre toutes les éventualités désastreuses d'une guerre qu'elle aurait à soutenir contre l'Allemagne seule ; cette opinion était basée sur la considération que le défaut d'une flotte de guerre fut la seule cause pour laquelle Napoléon Ier ne put empêcher sa malheureuse retraite de Russie, et elle avait pris, chez certaines personnes, la consistance d'une conviction tellement profonde, qu'elles se figuraient déjà voir les armées françaises marchant sur Berlin, non-seulement en partant du Rhin, mais encore en faisant irruption par nos côtes. L'attitude du Danemark, dans ces derniers temps, était peu propre d'ailleurs à rassurer les esprits.

Nous savons aujourd'hui que le dessein de se servir du territoire danois pour y opérer un débarquement, n'avait rien de sérieux. *L'armada française*, qui vint croiser dans nos eaux avant d'être complétement armée et en nombre, ne put faire qu'une démonstration sans conséquence contre nos côtes, activement surveillées et en parfait état de défense. La France ne pouvant former une armée de débarquement outre l'armée du Rhin, il lui était impossible de tenter une irruption par la mer, d'autant plus que nos eaux côtières sont peu favorables à la navigation, semées de bancs de sable, etc.

A quoi donc faut-il attribuer l'extrême exiguïté du théâtre de la guerre, malgré les plans audacieux de la France d'occuper la Belgique et la Suisse, malgré la possession d'une flotte presqu'aussi puissante que celle de l'Angleterre? Nous répondrons que cette circonstance est due aux perfectionnements apportés dans l'organisation militaire de la Prusse par le roi Guillaume.

La France, tout en ne se doutant pas de notre véritable force, avait prudemment recherché l'alliance des neutres ; elle avait senti déjà que son ancienne gloire commençait à décliner, et elle se fut contentée d'un succès modeste et d'un bénéfice minime, au prix de médiocres sacrifices.

Voilà pourquoi une partie relativement faible du terrain limitrophe de la frontière franco-allemande, devint le véritable théâtre des premières hostilités. Nous nous bornerons donc à examiner ce terrain, sans toutefois nous laisser entraîner à de longues et fatigantes descriptions topographiques, qui n'apprendraient rien à nos lecteurs. D'ailleurs, les rapides succès qui nous ont favorisés, ont détruit l'importance de certains points qui, en d'autres circonstances, eussent présenté un grand intérêt.

La partie du territoire français qui servit de champ clos aux belligérants au début de la campagne, figure à peu près un triangle, dont la pointe orientale se trouve à *Lauterbourg*. C'est par cet angle que l'ancien territoire français faisait saillie en Allemagne. Le côté du triangle qui s'étend au nord-ouest, sur une longueur de 20 milles ([1]), se dirige, en longeant la *Lauter* et les *Vosges*, vers la rive gauche de la *Sarre* jusqu'à la *Moselle*, au point où celle-ci entre dans le grand-duché de Luxembourg. Les points stratégiques remarquables situés à proximité de cette ligne sont, en partant de Lauterbourg :

1º *Wissembourg*, à 3 $\frac{1}{2}$ milles de cette localité ; ancienne forteresse dont les remparts avaient été conservés.

2º *Bitche*, à 5 $\frac{1}{4}$ milles plus loin ; nœud de routes dans la partie septentrionale des Vosges, près de la frontière du Palatinat ; fort sur une montagne. (Relié à Wissembourg par le chemin de fer de Hagenau.)

3º *Forbach*, à 5 $\frac{1}{4}$ milles de Bitche (entre ces deux villes, *Sarreguemines*), dernière station française du chemin de fer partant de Metz vers l'Allemagne.

4º *St-Avold*, à 2 $\frac{1}{2}$ milles plus loin ; petite ville, nœud important de routes conduisant à Sarrelouis et Sarrebruck.

5º *Bouzonville*, à 2 $\frac{3}{4}$ milles de St-Avold ; située sur la *Nied* ; dernière étape française sur la route de Thionville à Sarrelouis.

6º *Sierck*, à 3 milles plus loin ; ancienne forteresse française, sur la *Moselle*, vis-à-vis des frontières du Luxembourg et de la Prusse.

Le 2º côté du triangle s'étend au sud de *Lauterbourg*, en côtoyant une partie de la rive gauche du Rhin. Les

---

[1] Le mille prussien vaut 7532 mètres. *(Note des T.)*

points importants qui se trouvent dans la vallée de ce fleuve, limitée par le pied des Vosges, sont les suivants :

1° *Soultz*, à 3 milles de Lauterbourg ; nœud de routes ; station de chemin de fer dans le nord de l'Alsace.

2° *Hagenau* (ancienne ville forte de la Diète), à 2 $\frac{1}{2}$ milles de Soultz ; nœud de routes et de chemins de fer, à la lisière méridionale de la grande forêt du même nom.

(Suivent les quatre villes fortes qui se trouvent en face de la partie sud-ouest de l'Allemagne, jusqu'ici ouverte à l'invasion)

3° *Strasbourg*, à 4 milles de Hagenau ; grand dépôt d'armes et l'issue de la France sur l'Allemagne ; située sur l'*Ill* à $\frac{1}{2}$ lieue du Rhin.

4° *Schélestadt*, à 5 $\frac{1}{4}$ milles plus loin ; nœud de routes et de chemins de fer, à l'entrée du grand passage des Vosges formé par la vallée de la *Meurthe*.

5° *Belfort*, à 15 milles de la précédente ; située près de l'extrémité de la frontière helvétique, à hauteur de Huningue et de Bâle ; élevée autrefois pour surveiller les passages de la Suisse, elle a pour nous une grande importance politique parce qu'elle fait partie de l'Alsace.

6° *Neuf-Brisach*, entre Schélestadt et Belfort, défend la route qui conduit de la vallée de la Meurthe à Colmar, et de là vers Fribourg dans le grand-duché de Bade, après avoir traversé le Rhin à Vieux-Brisach.

La première des lignes qui nous occupent, traverse, à part son parcours dans la vallée du Rhin, un pays généralement accidenté et montagneux. On y rencontre des positions naturelles, et d'anciennes positions artificielles qui ont été en grande partie remises en état de servir. Toutes les grand' routes qui conduisent de l'intérieur de la France vers les points que nous avons indiqués, se dirigent à peu près perpendiculairement sur l'Allemagne et sont, par conséquent, favorables à l'offensive et à la défensive. De plus, trois de ces villes frontières ont des stations de chemin de fer, savoir :

Forbach, ligne vers Sarrebruck et Sarrelouis en avant, et vers Metz en arrière ; *Bitche* et *Wissembourg*, qui se trouvent en communication par voies ferrées aussi bien avec Landau, Mayence et Manheim, qu'avec Nancy, Toul et Strasbourg.

Nos lecteurs savent que deux de ces points ont joué un grand rôle pendant la guerre, et il est évident que les chemins de fer seuls leur ont donné de l'importance. Quant aux autres points d'opération échelonnés le long de la frontière, leur action fut toute secondaire au commencement de la campagne.

La seule partie du 2e côté du triangle qui soit d'une valeur stratégique réelle, est celle qui s'étend vers le nord, en y comprenant le rayon de *Strasbourg* ; nous ne nous occuperons donc que de cette partie.

La ligne *Wissembourg-Soultz-Hagenau*, route et chemin de fer, était reliée avec les points que nous avons énumérés, aussi bien vers Strasbourg au sud, et vers les forteresses des Vosges, Bitche et Phalsbourg, que vers Nancy et Toul à l'ouest.

L'autre partie de ce 2e côté, se prolongeant au sud de Strasbourg, ne pouvait servir que de ligne de défense, et ce pour autant qu'on y établît des camps et que l'on organisât, dans les places fortes, des corps de troupes qui pussent, suivant les circonstances, se porter vers le nord, et recevoir les renforts successifs que fournissait le midi de la France. Cette partie n'était guère favorable à une attaque de la part de l'Allemagne, parce qu'il n'existait dans le rayon, aucune communication praticable entre les deux pays. Cette contrée n'eut de l'importance pour nous qu'au point de vue politique, et parce qu'il était de notre intérêt de couper les communications de l'ennemi avec la France méridionale.

Examinons maintenant le 3e côté, la base du triangle, et nous y remarquerons :

Dans la partie nord, la *Moselle*, qui coule du sud au nord, et qui forme une coupure très-avantageuse pour la défensive. Le long de cette coupure nous trouvons des chemins de fer et des grand'routes qui, aux points où le cours d'eau est défendu par des places fortes *(Thionville, Metz* et *Toul)*, se raccordent aux principales voies ferrées et autres communications de l'est et de l'ouest. Les plateaux de la rive droite de la Moselle, donc les plus proches de la frontière allemande, sont généralement peu élevés, tandis que ceux de la rive gauche atteignent une hauteur considérable à une faible distance du bord, qui présente par conséquent des pentes fort escarpées (¹).

La partie sud de notre triangle se distingue par une topographie tout-à-fait différente : Nous entrons ici en pleines Vosges. Les chemins de fer et les grand'routes qui en traversent les vallées (passages), et qui sont les principales communications de l'est et du sud-est avec l'intérieur, aboutissent à *Nancy*, chef-lieu de la Lorraine, sur la *Meurthe*. La route principale qui coupe les Vosges et qui reçoit toutes les communications venant du nord de l'Alsace, de Strasbourg et du midi, passe par *Saverne, Lunéville*

(¹) Nous ne parlerons pas des petites vallées entre la Moselle et la Sarre, qui n'ont offert aucun intérêt pendant la campagne.

et *Nancy*, et est défendue, en avant de Sarrebourg, par la forteresse de *Phalsbourg*.

D'autres places sans importance *(Lutzelbourg* et *Lichtenberg)* défendent la route qui relie, à travers les Vosges, la Haute-Alsace à la Haute-Lorraine.

Le réseau des chemins de fer compris dans le triangle, présente de grands avantages pour la concentration et le déploiement rapide des forces, ainsi que pour les changements de positions.

Outre la voie principale que devaient suivre toutes les troupes composant l'armée du Rhin, une nouvelle ligne se dirigeant du nord au sud, relie les différents points stratégiques que nous avons mentionnés, et reçoit toutes les lignes de chemins de fer qui affluent du nord et du midi de la France. De plus, trois voies ferrées à peu près perpendiculaires aboutissent directement dans le réseau allemand :

1º De *Metz* par Faulquemont vers *Sarrebruck* et *Mayence* (suivie en sens inverse par la Ire et la IIe armée allemandes).

2º De *Nancy* par Lunéville, Sarrebourg (Phalsbourg, à ³/₄ de mille de la ligne), Hagenau, Soultz, Bitche, Wissembourg, vers *Landau* et *Manheim* (suivie en sens inverse par la IIIe armée allemande.)

3º De *Lunéville* par Schélestadt, Strasbourg, vers *Kehl-Appenweier* ([1]) (ouverte à l'armée allemande après la prise de Strasbourg).

Enfin, il nous reste à mentionner la grande voie ferrée qui côtoie la rive gauche du Rhin, et qui relie les deux places d'armes importantes *Strasbourg* et *Belfort*, non-seulement entre elles, en coupant les Vosges méridionales,

---

([1]) Cette ligne est interrompue entre *St-Dié* et *Ste-Marie-aux-Mines*.

(Note des T.)

mais encore à tout le réseau des chemins de fer du centre et du midi de la France.

Nous n'entrerons dans plus de détails sur le système des forteresses françaises du nord-ouest, qui paraissaient offrir des difficultés insurmontables à nos courageuses armées, qu'après avoir jeté sur le théâtre de la guerre à la frontière franco-allemande un coup d'œil général, intelligible même pour les profanes en science militaire.

En examinant la carte, nous remarquons qu'il nous eût été possible d'entourer complétement les deux côtés de l'angle qui s'avance en Allemagne, et entre lesquels se trouve précisément l'ancien territoire allemand que nous venons de reconquérir. Au premier abord ceci paraît logique ; mais en examinant la question de plus près, nous voyons que pour occuper tout le pourtour de cette pointe, il eût fallu un développement de troupes énorme. Du reste, cette disposition stratégique eût été imprudente, car l'ennemi pouvait être massé à proximité de la frontière.

Les commandants de l'armée prussienne ont abandonné, depuis longtemps, la tactique qui consiste à déployer des forces considérables pour couvrir une grande étendue de pays, bien qu'elle présente cependant l'avantage de favoriser éventuellement l'occupation simultanée d'une grande partie du territoire ennemi.

Il est vrai que dans le cas présent, les deux seules lignes à considérer n'avaient pas une étendue extraordinaire: La première de *Landau* à *Sarrelouis* (parallèlement à la frontière nord-est, de Lauterbourg à Sierck) ; la seconde de *Landau* à *Rastadt* et *Fribourg* (parallèlement à la frontière est, de Lauterbourg à Strasbourg et Belfort) ; de sorte qu'en présence d'une tactique moins décidée et moins précise, notre état-major eût pu trouver certains avantages à prévoir l'exécution éventuelle de cette opération. En effet, il était dans l'ordre des choses possibles que Napoléon, par une manœuvre rapide, se portât dans le grand-duché de Bade et la Souabe, qui n'étaient pas directement couverts, bien que notre devoir politique semblât nous prescrire de protéger les Etats de l'Allemagne du Sud contre l'invasion.

Mais ces considérations n'exercèrent aucune influence sur les idées stratégiques que nous avait suggérées notre situation militaire. Le roi Guillaume et son chef d'état-major de Moltke, raffermis dans leurs résolutions énergiques par le concours des Etats du Sud, et laissant à l'écart toute autre considération, s'en tinrent absolument aux projets qu'ils avaient adoptés d'abord, comme étant les plus favorables à nos succès. D'ailleurs, les Etats du Sud avaient embrassé notre cause sans condition ; leur concours fut spontané et plein de dévouement : Ils ne demandaient qu'à participer à la grande œuvre de la défense nationale.

L'ennemi se trouvant dans la nécessité de masser une grande quantité de ses troupes dans d'autres régions, une irruption de sa part dans l'Allemagne du Sud eut apporté de graves déchirements dans la répartition de ses forces ; du reste, la rapidité de nos mouvements ne lui eût pas laissé le temps d'exécuter ce projet (¹).

Nous nous réservons d'apprécier ultérieurement les motifs qui déterminèrent notre royal chef à concentrer ses opérations sur la partie nord de la ligne frontière, et nous nous bornerons à examiner maintenant les régions voisines du Rhin, qui furent le théâtre de nos premières marches stratégiques : c'étaient les *provinces Rhénanes*, le *Palatinat*

(¹) Nous verrons plus loin quelles étaient les intentions offensives de l'ennemi.

et le *nord du grand-duché de Bade*. Le centre de ce dernier, l'Oberland et le Wurtemberg, qui n'offraient aucun avantage ni pour l'offensive ni pour la défensive, furent négligés.

Si nous avions pris le Haut-Rhin pour objectif, Strasbourg, place très-forte et grand dépôt d'armes, était une menace permanente sur notre aile droite. Une armée ayant réussi à passer le Rhin dans sa partie supérieure, était toujours exposée à être repoussée dans le fleuve à la suite d'un échec. D'un autre côté, les passages de la Forêt-Noire se trouvaient à une trop grande distance pour servir efficacement à la défensive; ils ne protégeaient aucune de nos lignes d'opérations, et, n'étant pas fortifiés, ils n'avaient du reste qu'une valeur douteuse au point de vue tactique.

La partie allemande du théâtre de la guerre, dans laquelle notre armée fut concentrée et portée en avant, représente à peu près un triangle obtusangle, dont le sommet se trouve à *Sarrebruck*, et la base sur le Rhin, de *Coblence* à *Rastadt* ([1]). Le plus petit côté du triangle est formé par la ligne *Sarrebruck-Rastadt*, sur laquelle la grande armée allemande, après avoir passé le Rhin, se concentra pour paralyser le choc de l'ennemi, ou pour pénétrer en France si les circonstances venaient à favoriser nos armes. Les points importants de la base du triangle sont : *Coblence, Bingen (Bingerbruck), Mayence, Manheim* et *Carlsruhe (Rastadt)*.

Jusqu'à cette ligne, le réseau des chemins de fer allemands n'était pas moins avantageux pour nous, que le réseau français ne l'était pour nos adversaires ; mais le tiers méridional du théâtre des opérations sur la rive gauche

---

([1]) Cologne était une position importante pour la défensive.

du Rhin comprenait seul quelques lignes dont nous pouvions disposer. Celles de nos troupes qui ne se portèrent pas sur la ligne *Bingen-Mayence-Manheim-Carlsruhe*, durent traverser à pied l'*Eifel* et le *Hochwald*, sur le 2ᵉ grand côté du triangle. Le chemin de fer d'Aix-la-Chapelle servit à peine.

Il était donc logique que l'aile droite de notre armée, qui se trouvait au nord, fût composée des corps stationnés dans le voisinage du Rhin et en Westphalie, tandis que ceux qui arrivaient successivement du centre de l'Allemagne, étaient dirigés par chemin de fer, viâ Bingen ou Mayence, sur les stations de *Hombourg* (dans le Palatinat) et *Neukirchen*, nœuds de voies ferrées devant servir à la concentration. De même, les corps prussiens qui se trouvaient dans les circonscriptions méridionales de la Prusse, furent dirigés, conjointement avec les troupes de l'Allemagne du Sud, sur *Manheim* et *Carlsruhe*, et de là, portées respectivement sur *Landau, Germersheim* et *Maxau*.

Il est évident que ce terrain, accidenté et montagneux, nous eût offert des positions fort avantageuses si nous avions été forcés à la défensive. Notons particulièrement les deux points *Sarrebruck* et *Landau*, qui avaient pour nous une importance capitale, non pas au point de vue tactique, mais au point de vue stratégique.

L'importance de *Sarrebruck* ne réside ni dans sa situation au centre d'un pays houiller, ni dans sa valeur comme position, puisqu'elle n'est pas fortifiée ; mais, à proximité de cette ville, la Sarre coupe la frontière en regard de la voie ferrée qui conduit vers Metz, et trois lignes de chemin de fer venant de l'Allemagne, aboutissent à Sarrebruck. De plus, elle est voisine de Sarrelouis, place forte et nœud de route très-important, surtout avant l'établissement des chemins de fer.

C'est pour la même raison que *Landau* avait une grande valeur stratégique, car cette place forte était reliée, par les communications les plus faciles, tant chemins de fer que grand' routes, aussi bien avec notre aile droite et l'intérieur de l'Allemagne, qu'avec l'extrémité de notre aile gauche. De plus, Landau se trouvait vers le centre de cette aile, et devait lui être d'un grand secours dans la défensive.

V.

Comparaison et récapitulation des forces militaires des deux belligérants, avec indication des réserves disponibles.

Notre intention n'est pas d'entrer dans de grands détails de chiffres, ni de nous étendre longuement sur notre système militaire et l'organisation de nos forces, qui ont fait le sujet d'une quantité de brochures, et sur lesquels on pourra puiser tous les renseignements désirables dans les statistiques militaires. Cependant toute armée cherche à surprendre son adversaire par quelque nouvelle modification apportée dans le système de mobilisation connu.

Dans la guerre qui nous occupe, la France a dû, vers la fin, mettre sur pied toutes les troupes qu'elle pouvait recruter, tandis que les ressources militaires de l'Allemagne étaient loin d'être épuisées. La France, dans le principe, croyait son armée aussi forte que celle de l'Allemagne du Nord, et elle n'a reconnu la supériorité numérique des Allemands, renforcés par les armées du Sud, qu'en se voyant obligée de renoncer à une attaque par surprise. Dans le but primitif de faire croire à sa prépondérance, ensuite afin de pouvoir jeter dans la balance des forces égales à celles que nous avions à lui opposer — quand les Etats du Sud eurent répondu à notre appel — le gouvernement français organisa, peu après la déclaration de guerre, des 4es bataillons mobiles qui amenèrent la formation de nouveaux corps d'armée.

En Prusse, le rappel sous les armes ne s'étendit pas au-delà des corps de troupes désignés dès le principe pour être mobilisés, et qui ne comprenaient que deux classes de la landwehr. Il n'existait du reste de vieilles troupes de cette catégorie que dans les anciennes provinces prussiennes. L'effectif de chaque bataillon de landwehr était de 802 hommes ([1]), comme sur le pied de paix, et jusqu'alors aucun nouveau bataillon n'avait été formé.

Pas un bataillon de la landwehr ne prit part aux premières opérations de l'armée allemande sur le Rhin; mais afin de familiariser de nouveau ces troupes avec les exigences du service militaire, le roi ordonna, dès le début de la campagne, la mobilisation de tous les bataillons, lesquels furent échelonnés le long des côtes de la mer du Nord et de la Baltique, pour le cas où l'ennemi tenterait un débarquement.

Ceux des bataillons de la landwehr qui, sur le pied de paix, appartenaient à une brigade d'infanterie, furent organisés en régiments commandés chacun par un commandant de régiment de la ligne. La combinaison de deux de ces régiments forma une brigade de landwehr, placée sous les ordres d'un commandant de brigade de l'armée active. Chacune de ces brigades fut augmentée d'une réserve proportionnelle de cavalerie et d'artillerie; cette nouvelle combinaison prit la dénomination de *division de réserve*, et eut pour chef un commandant de division nouvellement promu.

([1]) Ce ne fut qu'après quatre mois et demi de campagne que l'effectif de la plupart des bataillons de la landwehr fut porté à 1002 hommes.

Le surplus des réserves qui avaient servi à renforcer la cavalerie de ligne, fut réuni aux cavaliers de la landwehr, et l'on en forma des *régiments de grosse cavalerie de réserve* (dragons et lanciers), qui furent adjoints, partie aux divisions de landwehr, partie aux divisions de cavalerie de l'armée active.

Les batteries des places fortes éloignées du Rhin et des côtes, fournirent le matériel et les hommes qui composèrent les batteries mobiles de réserve.

Le but de cette modification au système organisé n'était donc pas d'augmenter l'effectif des corps au-delà du chiffre que comportait le plan de mobilisation, mais seulement de transformer la landwehr, ordinairement affectée au service des places, en troupe de campagne aptes à participer aux opérations. De plus, afin de pouvoir en cas de besoin former des 4es bataillons, on ne fixa pas le chiffre de l'effectif des bataillons de la réserve de remplacement, mais on leur permit de recevoir des volontaires jusqu'à concurrence du double de leur effectif normal.

Ainsi que nous l'avons dit précédemment, la formation de ces 4mes bataillons ne fut pas nécessaire ; la réserve de remplacement suffit pour combler les grands vides qui se faisaient dans nos troupes de campagne, et elle conserva malgré cela un effectif tel, que, réunies aux bataillons de la landwehr qui n'avaient pas été mobilisés, ces réserves furent assez nombreuses pour fournir les garnisons des places fortes de toute l'Allemagne du Nord, après le départ des bataillons mobilisés de la landwehr pour le théâtre de la guerre.

La France, dont le système militaire ne comportait aucune institution offrant les ressources de notre landwehr, fut obligée, dès le début des opérations d'utiliser, les

4es bataillons pour organiser des réserves aptes au service de campagne. Les nouveaux corps qui furent formés pendant la durée de la guerre, hors les 4es bataillons, étaient composés : des troupes de garnison dont on pouvait se passer au besoin, et qui, par nécessité, avaient été appropriées au service actif ; de la garde mobile et même, en dernier lieu, de la garde nationale. Ces troupes furent réunies en régiments, brigades et corps, et rendues aussi mobiles que possible.

Dans les provinces de l'est, les gardes mobiles avaient reçu déjà une certaine instruction pratique avant la guerre, tandis que dans le restant de la France, ce ne fut qu'après le début des hostilités, et pressé par le danger, que le gouvernement français chercha à transformer une mauvaise garde bourgeoise en milice ayant un aspect plus ou moins militaire.

L'énorme différence qui existe entre la milice citoyenne française et la landwehr prussienne, provient non-seulement de ce que la première est composée de mauvaises recrues, alors que notre landwehr ne compte que des soldats ayant achevé leur temps de service, mais encore de ce que l'armement et l'équipement de la garde mobile étaient insuffisants et ne purent être complétés que plus tard, grâce aux ressources tirées de l'étranger, tandis que la landwehr était tout aussi bien armée, équipée et habillée que les troupes de l'armée active.

La levée en masse devait fournir aux Français des réserves très-considérables ; mais si elles étaient supérieures en nombre à notre landwehr, elles lui étaient certainement inférieures en qualité. La raison en est simple : Abstraction faite de la grande valeur morale donnée à nos troupes de ligne par l'institution du service obligatoire, la landwehr ne reçoit que des soldats ayant déjà servi, tandis que la garde mobile admettait dans ses rangs, indistinctement, tous les hommes pouvant porter une arme.

Ajoutons encore que les nouvelles provinces prussiennes ne purent fournir que peu de bataillons de landwehr, tandis que la garde mobile, par suite de la grande population de la France, et de la levée forcée pour l'armée et les francs-tireurs, pouvait accroître ses effectifs à l'infini.

La République, en organisant ces milices, a prolongé la guerre et nous a imposé de grands sacrifices; mais le tort qu'elle a fait à la France est incalculable. Une fois de plus nous avons acquis l'expérience que de pareilles troupes, quelque nombreuses qu'elles soient, quelque ressources qu'elles possèdent, sont impuissantes contre une armée permanente instruite et bien organisée, comblant ses vides par des moyens méthodiques.

Nous devrons, dans nos supputations, majorer plutôt que diminuer le chiffre des réserves françaises qui furent employées aux premières opérations; en effet, la partie de la garde mobile qui avait déjà reçu, au début de la campagne, une certaine instruction militaire, servit non-seulement pour garder les places, mais aussi pour occuper les étapes rapprochées du théâtre de la guerre. Elle était appelée, en outre, à entrer en action à un moment donné, ce qui arriva lorsque l'armée battit en retraite. Enfin, les nouveaux corps formés par les 4es bataillons pouvaient entrer immédiatement en ligne, tandis que les Prussiens n'étaient en mesure de déplacer leurs corps de réserve, qu'en renonçant à tenir en respect certains pays neutres qui montraient des dispositions hostiles à leur égard.

La première organisation de campagne comprenait déjà plusieurs régiments africains; la brigade de Rome était rappelée et il ne subsistait, dans l'intérieur du pays — où s'étendit bientôt le théâtre de la guerre — que des régiments isolés, mais pas une seule brigade complète.

Nous pouvons donc dire avec certitude qu'au moment de la première rencontre entre les deux armées, la totalité des forces françaises massées à la frontière nord-est, n'étaient que fort peu inférieures en nombre à celles dont l'Allemagne pouvait disposer pour l'offensive.

C'est à des causes purement stratégiques que nous devons d'avoir eu, à Wissembourg, plus de troupes qu'il n'était nécessaire, et d'avoir pu amener aussi près que possible, à Spicheren, des réserves intactes afin de recommencer le combat si une première attaque avait échoué — chose que les Français avaient négligé de faire.

En comparant les forces des deux belligérants, il faut bien se rendre compte aussi que, le théâtre de la guerre étant transporté sur le territoire français, les garnisons des places fortes comprises dans le terrain des opérations, ainsi que les dépôts les plus proches des corps de réserve de l'armée engagée, fournissaient un contingent de forces très-considérable à nos adversaires. L'armée allemande, au contraire, devait détacher de son armée de campagne, les troupes nécessaires pour faire le siége de différentes forteresses. De plus, pendant la première période de cette guerre, le VIe corps d'armée se trouvait encore en Silésie, le IIe (Poméranie) à Berlin, et le Ier (Prusse orientale) était seulement en marche vers le Rhin. Notre 17e division et nos quatre divisions mobiles de landwehr avaient été dirigées vers les côtes, pour s'opposer au débarquement éventuel de l'ennemi.

On ne peut donc attribuer nos premières victoires à notre supériorité numérique, mais bien à la rapidité de nos mouvements, qui surprirent les Français avant qu'ils ne fussent complétement préparés. Ce ne fut qu'à la suite de ces succès qu'il nous devint possible de tourner le restant de nos forces contre la France. Malgré les armements que l'Autriche faisait en secret, nos deux corps d'armée qui étaient restés dans l'intérieur, furent dirigés sur le Rhin, et après qu'il fût reconnu que la flotte française était peu dangereuse, les troupes qui avaient été disposées le long des côtes, furent également rappelées.

Plus nous avancions, plus le nombre des forteresses françaises allait croissant, et à mesure que nous nous écartions de notre base d'opérations, située en Allemagne, pour pénétrer plus avant dans le territoire ennemi, nos lignes d'opérations s'allongeaient et nécessitaient l'emploi de forces plus considérables pour les protéger.

D'après nos calculs, les forces françaises échelonnées le long de la frontière, sur le théâtre de la guerre, s'élevaient à peu près à 400,000 hommes, y compris les garnisons des places frontières (celle de *Strasbourg*, par exemple, qui paralysa le corps *Werder*), les huit premiers corps d'armée mobiles qui furent d'abord mis en ligne, ainsi que les troupes de dépôt qui se trouvaient à proximité et qui pouvaient donc être immédiatement employées.

Les troupes allemandes prêtes à combattre s'élevaient, en chiffre rond, à 430,000 hommes (dix corps de l'armée du Nord — les Ier, IIe et VIe n'étaient pas encore arrivés de l'intérieur — et les armées de l'Allemagne du Sud).

Hors ces forces tactiques, ce n'est pas d'après la comparaison de celles que les deux belligérants mirent sur pied par la suite, que l'on peut établir si notre supériorité numérique suffisait pour nous assurer la victoire. En poussant plus loin cette confrontation de chiffres, il faudrait compter jusqu'au XXIIe corps de l'armée française, et l'on arriverait à une différence énorme en faveur de cette dernière.

Si, au moment de la rupture, le Nord avait été forcé de défendre seul les droits de l'Allemagne, les forces qu'il eût pu opposer à la France sur le Rhin, eussent été loin d'atteindre le chiffre de celles de nos adversaires : Comme nous l'avons dit précédemment, l'Allemagne du Nord eût été obligée de se garder de l'Autriche et de protéger ses côtes ; vu la neutralité douteuse de cette puissance, il eût fallu, dans le cas où le Sud n'aurait pas embrassé notre cause, distraire de l'armée du Rhin les Ier, IIe et VIe corps pour observer notre frontière sud : Une nouvelle guerre de Bohême devenait possible.

D'un autre côté Napoléon eût pu, dans de pareilles conditions, former une armée de débarquement, et le Danemarck eût été troisième dans l'alliance franco-autrichienne.

En vue d'une telle situation nous avions dirigé au nord, vers les côtes, la 17e division d'infanterie (Mecklembourg), la division de landwehr de la garde, et trois divisions de réserve, ainsi que plusieurs bataillons non mobiles de la même catégorie des provinces intérieures. Outre ces troupes organisées, l'institution que nous appelons la *défense volontaire des côtes* nous eût procuré, en cas d'agression, un surplus de défenseurs (appartenant au landsturm de la Poméranie et de la Prusse) d'une valeur bien plus réelle que ne l'était proportionnellement la garde mobile pour la France.

Toutes les troupes mobiles qui avaient été destinées à la défense des côtes, furent expédiées plus tard en France, afin de concourir au service des siéges.

Admettons même que l'ennemi eût tenté de faire irruption sur notre territoire par la mer, et que l'Autriche eût mobilisé : Nous voyons d'après l'exposé que nous avons donné des forces de l'Allemagne, que loin d'être épuisée, elle aurait pu, par un recrutement plus prompt et plus étendu, par l'enrôlement d'un plus grand nombre de volontaires, notamment d'anciens soldats appartenant au landsturm, former non-seulement des 4es, mais encore des 5es bataillons ([1]).

L'Allemagne aurait certes, et sans rechercher davantage l'alliance de la Russie, soutenu la lutte contre la France, l'Autriche et le Danemark coalisés : Elle aurait mis ses forces morales et matérielles sous la protection divine. Dans ces circonstances, la neutralité armée de la Russie, sympathique à notre cause, nous eut suffi jusqu'au moment où nos frères du Sud se fussent joints à nous. Ils le firent à temps, heureusement pour nous — mais aussi pour eux ! Sinon, la lutte eut été bien plus terrible encore. Jetant un regard rétrospectif sur l'entreprise hasardeuse que nous avions formée, nous devons reconnaître, bien qu'elle ait été froidement raisonnée, que, vu la supériorité de l'armement de l'infanterie de la France et la coalition, avec cette puissance, des Etats que nous avons nommés, une moindre intrépidité de nos soldats, une moindre habileté de nos chefs nous auraient conduits à une défaite certaine.

Mais telle n'était point la volonté de Dieu !

---

[1] Les armes ne manquaient pas, et grâce à nos ateliers ces bataillons auraient été bientôt équipés. Il restait dans le pays un grand nombre d'officiers d'état-major disponibles et d'officiers de landwehr au-dessus du complet, capables de commander ces troupes. Si, lors de la formation des bataillons de garnison, un grand nombre de sous-officiers furent promus au grade d'officier, ce n'était que pour éviter de faire remplir par d'anciens officiers, les emplois qui incombaient aux plus jeunes.

VI.

Le plan de campagne de l'armée française et son ordre de bataille.

Nous sommes loin d'avoir la prétention de donner comme certains, sur ce sujet, des renseignements puisés à des sources particulières, et qui n'ont aucun caractère officiel.

Nous ne connaissons rien de positif quant à l'ensemble des travaux définitifs et des ordres de l'état-major français, élaborés sous la direction du maréchal *Le Bœuf*, ministre de la guerre, et sous la haute surveillance de *Napoléon III*.

Ce que nous savons du plan d'opérations préparé lors de la crise de 1867, n'offre plus aujourd'hui d'autre intérêt que la direction générale de l'offensive préconçue pour la circonstance, qui nous servira de fil conducteur pour découvrir autant que possible, quel était le plan de campagne qui fut adopté pour la guerre de 1870, mais qui pourtant ne put être mis à exécution.

En 1867, l'attaque offensive devait être dirigée sur *Coblence*. Partant de cette donnée, le moyen le plus sûr pour arriver à la connaissance des projets de nos adversaires, est de suivre pas à pas la marche des événements mêmes, de consulter les instructions officielles données jusqu'au moment de l'explosion de la guerre sur l'emploi des troupes en campagne, enfin, de jeter un coup d'œil rétrospectif sur quelques points essentiels, d'où nous pourrons déduire certaines conclusions qui nous serviront de matériaux pour la reconstruction du plan dont il s'agit.

La politique avait fixé d'avance des limites déterminées à la stratégie. Nous avons essayé, dans un de nos premiers chapitres, d'indiquer sommairement les causes qui ont forcé Napoléon à restreindre le théâtre de ses opérations militaires ; ajoutons encore que la France devait, en élaborant son plan de campagne, ne pas compter sur une alliance quelconque.

Ce serait sortir de notre cadre que d'examiner si cette puissance eût pu, pendant la guerre, trouver des alliés dont le concours lui eût permis de mettre à exécution certaines idées préconçues, et d'apporter à ses dispositions stratégiques quelques modifications avantageuses. Reste à savoir si le prudent empereur Napoléon, qui comptait sur des succès moindres mais plus certains, n'adhérait pas intérieurement aux plans plus vastes et plus audacieux de ses maréchaux.

Afin de ne pas porter atteinte, d'avance, à la confiance des généraux et des troupes, les instructions données en vue d'une guerre offensive furent maintenues jusqu'au dernier moment; d'après les affirmations de certains officiers mêmes, l'armée française devait pénétrer en Prusse par plusieurs côtés, pour se concentrer sur notre territoire, comme nous le fîmes en Bohême pendant la guerre de 1866. Mais dès le début des hostilités, l'empereur ne put sérieusement persévérer dans ces projets, et l'hésitation, qui était le fond de son caractère, ne devait que s'accentuer devant la fermeté de l'Allemagne et le nombre de ses combattants.

Tout espoir de conserver le rôle offensif disparut lorsque

les armées du Sud tendirent la main à celle de la Prusse, et l'empereur, à partir de ce moment, s'en remit au sort des batailles.

Peu avant la guerre, et malgré les traités de garantie, une alliance réelle entre l'Allemagne du Nord et les Etats du Sud paraissait très-problématique, à cause des différentes nationalités qui se trouvaient en présence. Les gouvernements étrangers, et même une grande partie de la nation allemande, révoquaient en doute l'exécution de ces traités. Le cabinet prussien seul semblait avoir approfondi la question, et avoir acquis à cet égard une certitude complète. Il comptait sur les souverains et les peuples allemands, tandis que Napoléon plaçait quelque espoir dans les complications qui pouvaient résulter des réflexions, des subterfuges, de la duplicité possibles des gouvernements de l'Allemagne du Sud. Pendant cette période d'incertitude, la réalisation de ces seules conjectures eût été fatale à la Prusse; dans de pareilles conditions, le projet d'une marche convergente sur une des places fortes du Rhin, en partant de *Forbach, Bitche,* et éventuellement de *Wissembourg* (par la Bavière rhénane qui l'eût protégée), offrait beaucoup de chances de réussite. Il suffisait à l'armée française, dans ce cas, de cerner *Sarrelouis* (et éventuellement *Landau*).

Plusieurs avantages réunis : la supériorité de l'armement de son infanterie, l'organisation des réserves de la ligne et celles des gardes mobiles disponibles des provinces de l'est (qui formaient un total numérique plus élevé que celui de l'armée du Nord, obligée de se couvrir dans différentes directions), une avant-garde mobile prête à entrer en campagne (composée des troupes qui s'exerçaient dans les camps depuis le commencement de l'été), permettaient à la France, dans des circonstances favorables, de prendre l'offensive comme elle se le proposait. Une attaque à l'improviste, avec 100,000 hommes, lui eût certainement procuré quelques succès, mais qui lui paraissaient trop minimes en comparaison de ceux qu'elle espérait s'assurer par la suite.

La démonstration contre Sarrebruck eût été moins *ridicule* (¹) si elle avait eu lieu quinze jours plus tôt ; elle pouvait avoir alors pour conséquence la neutralité de l'Allemagne du Sud, dans le cas où les suppositions de la France à l'égard de cette dernière eussent été fondées.

Napoléon III était trop circonspect, trop irrésolu, pour que son esprit pût nourrir l'idée d'une irruption violente et soutenue sur notre territoire ; le chassepot perdait alors de sa valeur, et c'était sur la supériorité de cette arme que reposait la nouvelle tactique française. Un tel projet réclamait des moyens offensifs énergiques, entre autres de fréquentes attaques à la baïonnette. La grande portée du chassepot n'aurait donc été d'une utilité réelle, que si l'armée s'était trouvée dans de fortes positions, dominantes autant que possible, contre lesquelles les Prussiens se seraient précipités en masses.

En tout cas, l'offensive de l'armée française devait être basée sur ces diverses considérations. Elle espérait, après avoir réussi à pénétrer par surprise en Allemagne, après s'être établie sur notre territoire dans des positions tactiques favorables et faciles à fortifier, s'y maintenir, y amener autant de troupes que possible, et attendre dans cette situation que les forces prussiennes vinssent se briser contre ses lignes. Puis, après avoir victorieusement soutenu la défense, l'armée eût repris l'attitude offensive. En procédant ainsi, les Français devaient insensiblement

---

(¹) En français dans le texte original.

atteindre la rive gauche du Rhin, en supposant que nous eussions donné sans résultat l'assaut à leurs positions.

Aux yeux de la France et du monde entier, leur succès était indiscutable : Ils pouvaient nous offrir la paix, avec la certitude d'en tirer quelque profit.

Il est évident que Napoléon songeait à cette solution modeste, plutôt qu'à faire son entrée à Kœnigsberg; mais en proclamant ces idées il eût étouffé l'enthousiasme de ses soldats.

Il est suffisamment prouvé par l'armement incomplet et en mauvais état de sa flotte, que les vues belliqueuses de l'empereur ne se seraient étendues au-delà du cadre que nous venons de tracer, que dans le cas où il eût trouvé des alliés. Ce n'est qu'alors qu'il eût pu penser sérieusement à diviser ses forces de terre, et à former une armée de débarquement pouvant opérer contre Berlin, après avoir réussi à descendre sur nos côtes.

Nous finirons notre examen des projets primitifs de Napoléon, en faisant observer, à propos de l'offensive rapide qui avait été tant discutée, que la France n'aurait tiré aucun avantage du rappel sous les armes, *en masse* (¹), de ses réserves avant la déclaration de guerre, même avant l'incident Benedetti, attendu que l'Allemagne du Nord eût pris les mêmes dispositions, dès que le télégraphe en eût apporté la nouvelle à Berlin.

L'enthousiasme avec lequel les Etats du Sud acclamèrent le roi Guillaume après qu'il eut éconduit M. Benedetti, et avant que la guerre ne fût formellement déclarée, décida les souverains de la Bavière et du Wurtemberg, bien intentionnés à notre égard, à tirer parti de la situation des esprits : Le 15 juillet, c'est-à-dire le jour même où le roi

---

(¹) En français dans le texte original.

Guillaume appelait sous les armes les soldats de l'Allemagne du Nord, ils signèrent l'ordre de mobilisation de leur armée. Cette mesure ne fit qu'augmenter encore l'irrésolution de l'empereur. Si ce dernier avait été capable de prendre une décision de quelque importance, l'armée française eût pu s'assurer un certain avantage, en prenant l'offensive avant que notre défense ne fût bien organisée ; car la France était considérablement en avance sur nous dans la mobilisation de ses forces, et mettait une grande rapidité dans l'organisation de ses réserves.

La divergence d'opinions des maréchaux et les tergiversations de plus en plus accentuées de l'empereur enrayèrent complétement l'initiative du côté des Français, et il est probable que le lendemain même de la dénonciation des hostilités (19 juillet), Napoléon s'était déjà décidé à conserver une attitude strictement défensive, quoiqu'il fît sonner bien haut, dans ses instructions, le dessein de transporter aussitôt que possible le théâtre de la guerre sur le territoire prussien.

Cette stratégie indécise exerçait évidemment une influence funeste sur la tactique, dans les moments d'action. D'ailleurs, la manière dont les Français ont combattu pendant cette campagne, était conforme à une instruction ministérielle dont il a déjà été question, et qui, depuis l'introduction du chassepot, recommandait plutôt la défensive que l'offensive. Elle prescrivait de se tenir sur la défensive en acceptant le combat; puis, lorsque le moment de prendre l'offensive se présentait, il fallait observer rigoureusement les règles données à ce sujet, afin d'éviter de grandes pertes ; il était particulièrement recommandé de ne passer à l'attaque de front que dans les cas de nécessité absolue, par exemple pour s'emparer de la clef d'une position. Cependant il est dit plus loin que l'usage de la baïonette ne doit pas être complétement abandonné, tout en observant qu'une attaque de l'espèce, trop précipitée, conduit à une perte certaine. Enfin, cette instruction admet en principe l'ouverture du feu de mousqueterie à grandes distances.

Si d'un côté la longue portée du chassepot nous a fait éprouver des pertes sensibles, de l'autre, en revanche, cette manière de combattre a rendu l'infanterie française complétement inapte à une offensive énergique.

Pour exécuter le tir aux grandes distances, les soldats français, au lieu d'épauler, appuyaient le fusil à la hanche en élevant un peu le bout du canon, afin d'éviter que la balle ne touchât terre en avant du but, et pour utiliser toute la force de projection de l'arme ([1]). La largeur du front et la profondeur des masses prussiennes les dispensaient en quelque sorte de viser, tout en leur offrant de grandes chances de ne pas perdre leurs balles; mais il leur était impossible de juger du résultat obtenu.

Cette singulière manière de tirer présentait un autre avantage : la chaleur que l'arme acquérait bientôt par la rapidité du tir, était bien plus supportable à la hanche que près de la tête.

Mais, exécuté de cette façon à de courtes distances, le tir était le plus souvent sans résultat, tandis que celui de nos soldats produisait des effets d'autant plus considérables.

Nous terminerons en empruntant à une plume française, quelques appréciations sur les particularités qui caractérisaient, dès le début de la campagne, l'armée que nous eûmes à combattre :

« Chez nous la guerre commença bruyamment; on s'y

([1]) Maintes fois, et à notre grand avantage, cette manière de tirer fut même mise en pratique aux petites distances, à cause du peu de discipline qui présidait à l'exécution des feux.

» prépara comme pour une partie de plaisir. La cour
» envahit l'armée. Les journaux entretenaient les illusions
» par des plans trompeurs. Ils divulgaient les mouvements
» des troupes et du matériel, ainsi que la composition des
» états-majors de l'armée ; en un mot, tout fut clairement
» mis au jour.
» En Allemagne, la nation courait silencieusement aux
» armes. Un profond secret planait sur les armements, qui
» s'exécutaient avec une activité sans exemple.
» En France, les réserves appelées sous les drapeaux
» parcouraient le pays en tous sens, du nord au sud, de
» l'est à l'ouest, et vice versa, puis, à grands frais,
» elles retournaient souvent vers leur point de départ
» primitif. Notre centralisation tant vantée augmentait le
» désordre, retardait les mesures par des formalités inu-
» tiles, allongeait les distances, paralysait le zèle de
» chacun par l'obligation d'attendre des ordres d'en haut.
» Bientôt ces ordres firent complétement défaut, parce
» qu'ils n'arrivaient plus à destination, et les différentes
» branches de service furent enrayées.
» Le matériel était entassé à la frontière, à Strasbourg
» et à Metz, dans la perspective d'une guerre purement
» offensive, ce qui nous a privés d'une quantité d'armes
» qui nous manquent à présent.
» Il est certain que nos corps d'armée étaient faiblement
» reliés entre eux et qu'une main débile tenait les rênes
» qui devaient les conduire.
» Y eut-il un plan de campagne arrêté ? »

De l'assentiment des autorités, l'ordre de bataille français fut publié au début de la campagne, et permit aux Allemands de supputer approximativement les forces de l'ennemi.

L'ordre de bataille est indispensable à la vérification des

rapports sur les engagements et à l'examen approfondi des événements militaires. Nous tenons donc à le reproduire aussi exactement que possible.

L'armée du Rhin, sous le commandement supérieur de Napoléon, comptait huit corps, y compris celui de la garde. Presque tous les corps d'armée qui par la suite ont participé aux opérations, existaient en principe dans leurs circonscriptions au commencement de la guerre; mais leur formation définitive était subordonnée au cas de nécessité absolue. C'est un de ces corps de formation nouvelle qui, sous les ordres du général Vinoy, se retira au mois de septembre de Sedan sur Paris.

Les troupes de dépôt et de réserve, la garde mobile (en dernier lieu aussi la garde nationale) du nord et du centre de la France, formèrent les corps qui furent employés plus tard à défendre Paris et à opérer dans le nord. Les armées de la Loire et de Lyon étaient composées de troupes des mêmes catégories tirées de la France méridionale. Les francs-tireurs étaient attachés aux divisions territoriales.

Après l'investissement de Paris, nous apprîmes les numéros des corps d'armée qui y étaient enfermés; le chiffre élevé de quelques-uns d'entre eux nous donna la certitude que les corps qui portaient les numéros intermédiaires n'étaient organisés que sur le papier; ce sont ceux dont on forma dans la suite les armées du Sud.

Il résulte de certaines communications, de certains ordres reproduits par les journaux français, que les régiments de ces corps se distinguaient en *régiments de marche* et *régiments mobiles* : Les premiers étaient composés des 4es bataillons, de recrues exercées et de volontaires; les seconds ne comprenaient que des gardes mobiles.

ORDRE DE BATAILLE

DE L'ARMÉE DU RHIN,

DESTINÉE DANS LE PRINCIPE A OPÉRER OFFENSIVEMENT
CONTRE L'ALLEMAGNE, ET QUI FUT CONCENTRÉE COMME PREMIÈRE ARMÉE
D'OPÉRATIONS A LA FRONTIÈRE ALLEMANDE [1].

N.-B. — *Les indications entre parenthèses sont des compléments ou des rectifications par les traducteurs; ces dernières en italique.*

Général en chef : L'Empereur **NAPOLÉON III.**
Major-général : Maréchal **Le Bœuf.**
Aide-major-général : Général de division Dejean.
Chef d'état-major général : Général de division Jarras.
　　　Idem.　　　Général de division Lebrun.
Commandant supérieur de l'artillerie : Général de division Soleille.
Commandant supérieur du génie : Général de division Coffinières (de Nordeck).
Aides-de-camp : Généraux de division de la Moskowa (Ney),
　　　Castelnau, Reile, Pajol.
(Commandant du quartier-général de l'Empereur : Général
　　　Letellier de Blanchard).

---

[1] D'après les documents allemands et français publiés au commencement de la guerre.

Ier CORPS.

Commandant en chef : Maréchal **Mac-Mahon** ([1]).
Chef d'état-major : Général de brigade Colson ([2]).

1e Division d'infanterie :
Général de division **Ducrot** ([3]).
- *1e Brigade :* Général Moreno (*Wolff*).
  13e bataillon de chasseurs. — 18e et 96e régiments de ligne.
- *2e Brigade :* Général de Postis du Houlbec.
  45e et 47e régiments de ligne.
- 2 batteries de 4. — 1 de mitrailleuses.

2e Division d'infanterie :
Général de division **Douay (Abel)** ([4]).
- *1e Brigade :* Général Peltier de Montmarie.
  16e bataillon de chasseurs. — 50e et 78e (74e) régiments de ligne.
- *2e Brigade :* Général Pellé ([5]).
  1er rég. de zouaves (78e de ligne). — 1er rég. de tiraill. algér. ([6]).
- 2 batteries de 4. — 1 de mitrailleuses.

3e Division d'infanterie :
Général de division **Raoult** ([7]).
- *1e Brigade :* Général L'Hériller ([8]).
  8e bataillon de chasseurs. — 36e et 48e régiments de ligne ([9]).
- *2e Brigade :* Général Lefèvre.
  2e régiment de zouaves. — 2e régiment de tirailleurs algériens ([10]).
- 2 batteries de 4. — 1 de mitrailleuses.

4e Division d'infanterie :
Général de division **de Lartigue**.
- *1e Brigade :* Général Fraboulet.
  1er bataillon de chasseurs. — 56e et 87e régiments de ligne ([11]).
- *2e Brigade :* Général Lacretelle.
  3e régiment de zouaves. — 3e régiment de tirailleurs algériens.
- 2 batteries de 4. — 1 de mitrailleuses.

([1]) Après Woerth, le général de division Ducrot.
([2]) » » le général de brigade Faure, puis le colonel Robert.
([3]) » » le général de brigade Wolff.
([4]) » » le général de brigade Pellé.
([5]) » » le général de brigade Gandil.
([6]) » » le 1er régiment de marche.
([7]) » » le général de brigade L'Hériller.
([8]) » » le général de brigade Cartret-Trécourt.
([9]) » » le 2e régiment de zouaves.
([10]) » » le 48e régim. de ligne et le 1er bat. des francs-tireurs de Paris.
([11]) » » le 2e régiment de marche.

(Notes des T.)

Division de cava-
lerie :
Général de division
Duhesme.
- *1ᵉ Brigade:* Général DE SEPTEUIL.
  3ᵉ régiment de hussards. — 11ᵉ régiment de chasseurs.
- *2ᵉ Brigade:* Général DE NANSOUTY.
  2ᵉ et 6ᵉ régiments de lanciers. — 10ᵉ régiment de dragons.
- *3ᵉ Brigade:* Général MICHEL.
  8ᵉ et 9ᵉ régiments de cuirassiers.
- 2 batteries à cheval.

N.-B. — Avec chacune des divisions d'infanterie, une compagnie du génie, parcs et trains.

Avec la division de cavalerie, un escadron du train.

Artillerie de réserve du corps.
- 2 batteries de 4.
- 2 » à cheval.
- 2 » de 12.
- batteries de 8.

Génie du corps.
- 1 compagnie du génie.
- 1 colonne du parc du génie.
- 1 compagnie de télégraphistes.
- 1 division matériel de chemin de fer de campagne.

IIᵉ CORPS.

Commandant en chef : Général de division **Frossard.**
Chef d'état-major : Général de brigade SAGET.

1ᵉ Division d'infanterie :
Général de division
Vergé.
- *1ᵉ Brigade:* Général LETELLIER-VALAZÉ (¹).
  3ᵉ bataillon de chasseurs. — 32ᵉ et 55ᵉ régiments de ligne.
- *2ᵉ Brigade:* Général JOLIVET.
  76ᵉ et 77ᵉ régiments de ligne.
- Artillerie comme au Iᵉʳ corps.

2ᵉ Division d'infanterie :
Général de division
Bataille.
- *1ᵉ Brigade:* Général POUGET.
  12ᵉ bataillon de chasseurs. — 8ᵉ et 23ᵉ régiments de ligne.
- *2ᵉ Brigade :* Général FAUVART (-BASTOUL.)
  66ᵉ et 67ᵉ régiments de ligne.
- Artillerie comme au Iᵉʳ corps.

(¹) Avant lui le général TIXIER. *(Note des T.)*

3e Division d'infanterie :
Général de division **de Laveaucoupet**.
- *1e Brigade :* Général Doens (¹).
  10e bataillon de chasseurs. — 2e et 63e régiments de ligne.
- *2e Brigade :* Général Michelet.
  24e et 40e régiments de ligne.
- Artillerie comme au Ier corps.

Division de cavalerie :
Général de division **Lichtlin**.
- *1e Brigade :* Général de Valabrègue.
  4e et 5e régiments de chasseurs.
- *2e Brigade :* Général Bachelier.
  7e et 12e régiments de dragons.
- Artillerie comme au Ier corps.

N.-B. — Génie etc., comme pour les divisions du Ier corps.
Artillerie de réserve et génie comme au Ier corps.

IIIe CORPS.

Commandant en chef : Maréchal **Bazaine** (²).
Chef d'état-major : Général de brigade Manèque.

1e Division d'infanterie :
Général de division **Montaudon**.
- *1e Brigade :* Général Aymard.
  18e bataillon de chasseurs. — 51e et 62e régiments de ligne.
- *2e Brigade :* Général Clinchant.
  81e et 95e régiments de ligne.
- Artillerie comme au Ier corps.

2e Division d'infanterie :
Général de division **de Castagny**.
- *1e Brigade :* Général Cambriels.
  15e bataillon de chasseurs. — 19e et 41e régiments de ligne.
- *2e Brigade :* Général Duplessis.
  69e et 90e régiments de ligne.
- Artillerie comme au Ier corps.

3e Division d'infanterie :
Général de division **Metman**.
- *1e Brigade :* Général de Potier.
  7e bataillon de chasseurs. — 7e et 29e régiments de ligne.
- *2e Brigade :* Général Arnaudeau.
  59e et 71e régiments de ligne.
- Artillerie comme au Ier corps.

(¹) Plus tard le général Maud'huy.
(²) Plus tard le général de division Decaen, puis le maréchal Le Bœuf.

(Notes des T.)

4ᵉ Division d'infanterie :
Général de division **Decaen**.
- *1ᵉ Brigade :* Général DE BRAUER.
  11ᵉ bataillon de chasseurs. — 44ᵉ et 60ᵉ régiments de ligne.
- *2ᵉ Brigade :* Général SANGLÉ-FÉRRIÈRES.
  80ᵉ et 85ᵉ régiments de ligne.
- Artillerie comme au Iᵉʳ corps.

Division de cavalerie :
Général de division **de Clérembault**.
- *1ᵉ Brigade :* Général BRUCHARD.
  2ᵉ, 3ᵉ et 10ᵉ régiments de chasseurs.
- *2ᵉ Brigade :* Général DE MAUBRANCHES.
  2ᵉ et 4ᵉ régiments de dragons.
- *3ᵉ Brigade :* Général DE JUNIAC.
  5ᵉ et 8ᵉ régiments de dragons.
- Artillerie comme au Iᵉʳ corps.

N.-B. — Génie etc., comme pour les divisions du 1ᵉʳ corps. Artillerie de réserve et génie comme au Iᵉʳ corps.

IVᵉ CORPS.

Commandant en chef : Général de division **de Ladmirault**.
Chef d'état-major : Général de brigade DE MARTILLE (*DESAINT*).

1ᵉ Division d'infanterie :
Général de division **de Cissey**.
- *1ᵉ Brigade :* Général BRAYER.
  20ᵉ bataillon de chasseurs. — 1ᵉʳ et 6ᵉ régiments de ligne.
- *2ᵉ Brigade :* Général DE GOLBERG.
  57ᵉ et 73ᵉ régiments de ligne.
- Artillerie comme au Iᵉʳ corps.

2ᵉ Division d'infanterie :
Général de division **Rose**.
- *1ᵉ Brigade :* Général BELLECOURT.
  5ᵉ bataillon de chasseurs. — 13ᵉ et 43ᵉ régiments de ligne.
- *2ᵉ Brigade :* Général N.... (PRADIER).
  64ᵉ et 98ᵉ régiments de ligne.
- Artillerie comme au Iᵉʳ corps.

3ᵉ Division d'infanterie :
Général de division **de Lorencez**.
- *1ᵉ Brigade :* Général PAJOL.
  2ᵉ bataillon de chasseurs. — 15ᵉ et 33ᵉ régiments de ligne.
- *2ᵉ Brigade :* Général BERGER.
  54ᵉ et 65ᵉ régiments de ligne.
- Artillerie comme au Iᵉʳ corps.

Division de cavalerie :
Général de division **Legrand**.
- *1ᵉ Brigade :* Général DE MONTAIGU.
- 2ᵉ et 7ᵉ régiments de hussards.
- *2ᵉ Brigade :* Général DE GONDRECOURT.
- 3ᵉ et 11ᵉ régiments de dragons.
- Artillerie comme au Iᵉʳ corps.

N.-B. — Génie etc. comme pour les divisions au Iᵉʳ corps.
Artillerie de réserve et génie comme au Iᵉʳ corps.

Vᵉ CORPS.

Commandant en chef : Général de division **de Failly** (¹).
Chef d'état-major : Général de brigade BESSON.

1ᵉ Division d'infanterie :
Général de division **Goze**.
- *1ᵉ Brigade :* Général GRENIER.
- 4ᵉ bataillon de chasseurs. — 11ᵉ et 46ᵉ régiments de ligne.
- *2ᵉ Brigade :* Général NICOLAS.
- 61ᵉ et 86ᵉ régiments de ligne.
- Artillerie comme au Iᵉʳ corps.

2ᵉ Division d'infanterie :
Général de division **de l'Abadie-d'Aydrein**.
- *1ᵉ Brigade :* Général LAPASSET.
- 14ᵉ bataillon de chasseurs. — 49ᵉ et 84ᵉ régiments de ligne.
- *2ᵉ Brigade :* Général DE MAUSSION.
- 88ᵉ et 97ᵉ régiments de ligne.
- Artillerie comme au Iᵉʳ corps.

3ᵉ Division d'infanterie :
Général de division **Guyot de Lespart**.
- *1ᵉ Brigade :* Général ABBATUCCI.
- 19ᵉ bataillon de chasseurs. — 17ᵉ et 27ᵉ régiments de ligne.
- *2ᵉ Brigade :* Général DE FONTANGES.
- 30ᵉ et 68ᵉ régiments de ligne.
- Artillerie comme au Iᵉʳ corps.

Division de cavalerie :
Général de division **Brahaut**.
- *1ᵉ Brigade :* Général DE BERNIS.
- 5ᵉ régiment de hussards. — 12ᵉ régiment de chasseurs.
- *2ᵉ Brigade :* Général DE LA MORTIÈRE.
- 3ᵉ et 5ᵉ régiments de lanciers.
- Artillerie comme au Iᵉʳ corps.

N.-B. — Génie etc. comme pour les divisions du Iᵉʳ corps.
Artillerie de réserve et génie comme au Iᵉʳ corps.

(¹) Plus tard le général de division de WIMPFFEN.
(*Note des T.*)

VIe CORPS.

Commandant en chef : Maréchal **Canrobert**.
Chef d'état-major : Général de brigade Henry.

1e Division d'infanterie :
Général de division **Tixier**.
- *1e Brigade* : Général Péchot.
- 2e bataillon de chasseurs. — 4e et 10e régiments de ligne.
- *2e Brigade* : Général Le Roy de Dais.
- 12e et 100e régiments de ligne.
- Artillerie comme au Ier corps.

2e Division d'infanterie :
Général de division **Bisson**.
- *1e Brigade* : Général Noël.
- 9e et 14e régiments de ligne.
- *2e Brigade* : Général Maurice.
- 20e et 31e (*30e*) régiments de ligne.
- Artillerie comme au Ier corps.

3e Division d'infanterie :
Général de division **La Font de Villiers**.
- *1e Brigade* : Général Becquet de Sonnay.
- 75e et 91e régiments de ligne.
- *2e Brigade* : Général Colin.
- 93e et 94e régiments de ligne.
- Artillerie comme au Ier corps.

4e Division d'infanterie :
Général de division **de Martimprey**.
(*Levassor-Sorval*.)
- *1e Brigade* : Général de Marguenat.
- 25e et 26e régiments de ligne.
- *2e Brigade* : Général de Chanaleilles.
- 28e et 70e régiments de ligne.
- Artillerie comme au Ier corps.

Division de cavalerie :
Général de division **de Salignac-Fénélon**.
- *1e Brigade* : Général Tilliard.
- 2e (*1er régiment de hussards*) et 6e régiments de chasseurs.
- *2e Brigade* : Général Savaresse.
- 1er et 7e régiments de lanciers.
- *3e Brigade* : Général de Béville.
- 5e et 6e régiments de cuirassiers.
- Artillerie comme au Ier corps.

N.-B. — Génie etc. comme pour les divisions du Ier corps.
Réserve d'artillerie et génie comme au Ier corps.

VIIe CORPS.

Commandant en chef : Général de division **Douay (Félix).**
(Chef d'état-major : Général de brigade RENSON.)

1e Division d'infanterie :
Général de division
Conseil Dumesnil
- *1e Brigade :* Général NICOLAÏ (BRETTEVILLE) (¹).
  17e bataillon de chasseurs. — 3e et 21e régiments de ligne.
- *2e Brigade :* Général MAIRE (²).
  47e et 99e régiments de ligne.
- Artillerie comme au Ier corps.

2e Division d'infanterie :
Général de division
Liebert.
- *1e Brigade :* Général GUIOMAR.
  6e bataillon de chasseurs. — 5e et 37e régiments de ligne.
- *2e Brigade :* Général DE LA BASTIDE.
  53e et 89e régiments de ligne.
- Artillerie comme au Ier corps.

3e Division d'infanterie :
Général de division
Dumont.
- *1e Brigade :* Général BORDAS.
  52e et 72e régiments de ligne.
- *2e Brigade :* Général CASSIVOL DE PRÉCHARSANT (BITTARD DES PORTES).
  82e et 83e régiments de ligne.
- Artillerie comme au Ier corps.

Division de cavalerie :
Général de division
Ameil.
- *1e Brigade :* Général CAMBRIEL.
  4e régiment de hussards. — 4e et 8e régiments de lanciers.
- *2e Brigade :* Général JOLIF DU COULOMBIER.
  6e régiment de hussards. — 6e régiment de dragons.
- Artillerie comme au Ier corps.

N.-B. — Génie etc. comme pour les divisions du Ier corps.
Artillerie de réserve et génie comme au Ier corps.

(¹) Après lui le général MORAND.
(²) Plus tard le général ST-HILAIRE.

(Notes des T.)

CORPS DE LA GARDE.

Commandant en chef : Général de division **Bourbaki**.
(Chef d'état-major : Général de brigade Dauvergne).

1e Div. d'infant. de la garde :
Général de division
Deligny.
- *1e Brigade :* Général Brincourt.
- Bat. de chasseurs de la g. — 1er et 2e rég. de voltigeurs de la g.
- *2e Brigade :* Général Garnier.
- 3e et 4e régiments de voltigeurs de la garde.
- 2 batteries de 4. — 1 de mitrailleuses.

2e Div. d'infant. de la garde :
Général de division
Picard.
- *1e Brigade :* Général Jeanningros.
- Rég. de zouaves de la garde. — 1er rég. de grenadiers de la garde.
- *2e Brigade :* Général Poitevin.
- 2e et 3e régiments de grenadiers de la garde.
- 2 batteries de 4. — 1 de mitrailleuses.

Div. de cavalerie de la garde :
Général de division
Desvaux.
- *1e Brigade :* Général Halna du Fretay.
- Guides et chasseurs de la garde.
- *2e Brigade :* Général de France.
- Lanciers et dragons de la garde.
- *3e Brigade :* Général du Preuil.
- Cuirassiers et carabiniers de la garde.
- 4 batteries à cheval.

Artillerie de rés. de la garde :
- 4 batteries de 8.
- 2 batteries à cheval.

N.-B. — Génie comme au Ier corps.

CORPS DE CAVALERIE
DE RÉSERVE.

1e Division :
(Général de div.
du Barrail.)
- (*1e Brigade :* Général Margueritte.)
- 1er et 3e régiments de chasseurs d'Afrique.
- (*2e Brigade :* Général de La Jaille.)
- 2e et 4e régiments de chasseurs d'Afrique.

2ᵉ Division : (*1ᵉ Brigade :* Général Girard.)
(Général de div. { 1ᵉʳ et 4ᵉ régiments de cuirassiers.
V.ᵗᵉ **Bonnemains**.) (*2º Brigade :* N....
  2ᵉ et 3ᵉ régiments de cuirassiers.

3ᵉ Division : (*1ᵉ Brigade :* Prince J. Murat.)
(Général de div. { 1ᵉʳ et 9ᵉ régiments de dragons.
M.ⁱˢ **de Forton**.) (*2ᵉ Brigade :* Général de Grammont.)
  7ᵉ et 10ᵉ régiments de cuirassiers.

RÉSERVE DES ARMES SPÉCIALES.

Nous voyons d'après ce qui précède, que dix régiments d'infanterie de ligne n'avaient pas été compris dans cette armée (¹); de plus, les troupes d'infanterie légère d'Afrique, les régiments étrangers (²), cinq régiments de cavalerie (³) et trois régiments de Spahis (⁴) étaient encore disponibles. Retirées successivement de l'Italie, de la frontière espagnole et de l'Afrique, ces troupes furent en partie incorporées dans les corps qui opéraient contre l'Allemagne; le reste servit de cadres aux nouvelles formations.

Voici quelques détails au sujet de la force numérique des différents corps de troupes :

Les bataillons d'infanterie comptaient 800 hommes et plus (⁵); chaque régiment était de 3 bataillons.

(¹) Les 16ᵉ, 38ᵉ, 39ᵉ et 92ᵉ régiments de ligne se trouvaient en Afrique; les 22ᵉ, 34ᵉ, 58ᵉ et 79ᵉ à la frontière espagnole; les 35ᵉ et 42ᵉ à Civita-Vecchia.
(²) En Afrique.
(³) Les 8ᵉ régiment de hussards, 1ᵉʳ et 9ᵉ régiments de chasseurs, en Afrique; les 7ᵉ et 8ᵉ régiments de chasseurs dans l'intérieur de la France.
(⁴) En Afrique.
(⁵) L'auteur se trouve ici en désaccord avec d'autres écrivains, qui évaluent de 720 à 750 hommes, l'effectif des bataillons français.

(*Notes des T.*)

Les régiments de cavalerie étaient de 4 escadrons à 125 chevaux.

Une batterie était composée de 6 pièces, et comptait 150 hommes. Les pièces de 12 et de 8 étaient attelées de 6 chevaux, celles de 4 et les mitrailleuses, de 4 chevaux.

Chaque compagnie du génie était forte de 140 hommes.

En tenant compte de la marche des événements, les maréchaux *Mac-Mahon* et *Bazaine* étaient, dans cette armée, les seuls chefs exerçant une influence militaire décisive.

Les autres généraux qui avaient donné précédemment des preuves d'une certaine aptitude, n'ont été, dans cette campagne, que des instruments entre les mains de l'empereur et de ces deux maréchaux. Toutefois ces derniers, bien souvent, durent se soumettre eux-mêmes à des influences plutôt politiques que militaires.

Le ministre de la guerre et major-général fut obligé de se retirer avant d'avoir eu l'occasion de montrer son habileté ou son incapacité complète. La nouvelle organisation de l'armée était l'œuvre du maréchal *Niel;* il ne restait donc au maréchal LE BŒUF qu'à remplir quelques lacunes du plan d'organisation de son prédécesseur. Aussi n'eut-il à fournir qu'un travail matériel (administration et technologie), plutôt qu'à produire ses propres idées, lors de l'élaboration du plan de campagne.

MAC-MAHON est âgé de 62 ans. Colonel en *Crimée*, il se distingua d'abord par sa grande circonspection, son énergie, sa bravoure, dont il fit preuve surtout à *Inkermann* et à l'assaut de la tour de *Malakoff*. Général commandant un corps d'armée à *Magenta*, sa prudence et son courage s'allièrent à une véritable fortune des armes. A *Solférino* encore, la victoire lui fut fidèle. Aussi les récompenses que lui prodigua l'empereur furent-elles proportionnées aux services qu'il lui rendit.

Bazaine est plus jeune que Mac-Mahon. N'ayant pas fait ses études à l'école militaire, il appartient à la catégorie des officiers sortant des cadres inférieurs. L'éminence de ses qualités militaires est indiscutable. La preuve en est dans la position même qu'il sut atteindre, bien qu'il eût fait tous ses grades dans l'armée ; car il est reconnu que très-souvent des officiers se trouvant dans les mêmes conditions, ne purent dépasser le rang de capitaine malgré des capacités réelles. Bazaine également, se fit remarquer pour la première fois en *Crimée*, où son habileté le fit nommer général de division. Quant aux services qu'il rendit au *Mexique*, nous sommes portés à les juger défavorablement, par la seule raison que, malgré les difficultés qu'il rencontra, il ne sut pas terminer cette expédition à l'honneur de la France. Les reproches qu'il essuya d'ailleurs à ce sujet doivent avoir exercé une grande influence sur son prestige, lors de sa réapparition. Finalement, il dut subir la destinée du souverain qui l'avait comblé d'honneurs et de biens.

Abordons à présent ce que nous connaissons de la première disposition de l'armée du Rhin, et de la répartition des corps. (Voyez carte I.)

Le *I*er *corps*, sous les ordres du maréchal *Mac-Mahon*, était concentré près de *Strasbourg* et devait être appuyé par le VIIe corps (Douay Félix), qui se formait dans le camp situé au nord de Belfort, avec cette forteresse pour base, et qui était en liaison avec Neuf-Brisach et Schélestadt. Tous deux communiquaient par Phalsbourg avec la *Moselle*, mais ils furent obligés de se diriger au nord, afin d'opérer simultanément avec les autres corps, aussitôt que les projets d'offensive par Strasbourg durent être abandonnés. Leur ligne de retraite, partant de l'Alsace, s'étendait vers *Nancy* et *Toul*.

Le *V^e corps* occupait les environs de *Bitche* et était relié au Ier corps par Hagenau, au moyen du chemin de fer qui venait d'être terminé. A cause de sa position dans les Vosges et de la grande distance qui le séparait de Strasbourg, ce corps n'avait de valeur stratégique que pour autant qu'il suivît une nouvelle ligne d'opérations, combinée avec une des lignes voisines. Dans cette situation, c'est Strasbourg qui devait lui fournir des renforts; en d'autres circonstances, ce corps eût bien plus avantageusement pu se rassembler près de Sarreguemines ou plus près de Strasbourg. Il semble qu'après avoir renoncé à l'idée de pousser offensivement au-delà du Rhin, en s'appuyant sur cette place, les commandants de l'armée française aient persisté néanmoins dans l'intention de diriger sur Bitche les forces qui se trouvaient à Belfort, et de marcher en avant en partant de Bitche et de Sarrebruck, pendant que les troupes qui se rassemblaient près de Toul et de Nancy se portaient vers l'Alsace. Notre offensive rapide fit bientôt échouer ces plans, ainsi que tous ceux que les Français avaient formés.

Dans la défensive, le général *de Failly* pouvait, par sa position près de Bitche, soutenir, suivant les circonstances, les troupes qui s'appuyaient sur Metz, aussi bien que celles de Mac-Mahon qui s'étaient portées vers le nord. Mais l'élan des troupes allemandes fut trop impétueux : Il n'eut le temps de renforcer ni les unes ni les autres. (A Woerth, il ne se trouvait que deux régiments, au plus, du Ve corps.)

Le *IIe corps* se trouvait en tête de l'armée commandée par l'empereur, et basée sur *Metz*. Il avait pour mission, comme avant-garde, d'entamer les opérations offensives contre la Prusse. Il s'était exercé au camp de Châlons avant la guerre.

St-Avold, nœud de routes important, était le point stratégique d'où le général *Frossard* devait faire diverger son corps sur les différentes lignes d'opérations conduisant à *Sarrelouis, Sarrebruck* et *Sarreguemines*. Il pouvait marcher, suivant les circonstances, sur l'un ou l'autre point de la vallée de la Sarre, et recevoir des renforts de tous côtés ; il commandait le chemin de fer, et pouvait, en cas de retraite, atteindre rapidement une bonne position défensive en arrière, sur la *Nied*. Pourtant la liaison de ce corps vers la droite était défectueuse, car St-Avold et la station de Forbach sont trop éloignés de Bitche pour que les troupes stationnées près de cette dernière localité aient pu se porter rapidement à son secours. Le défaut de cette situation eût été compensé, si Bitche avait servi de point de départ à une nouvelle ligne d'opérations, et si les troupes qui s'y trouvaient avaient été considérablement renforcées — ce qui n'eut pas lieu. Ainsi que nous le verrons par la suite, la gauche de ce corps était mieux couverte.

Le *IIIe corps*, qui devait être considéré comme le corps principal, se concentra sous *Metz*. Plus fort d'une division, il formait évidemment, sous le commandement du maréchal *Bazaine*, le noyau des forces destinées à opérer contre la frontière prussienne. De sa position de Metz, il pouvait rapidement se combiner avec d'autres corps dans le grand camp retranché de cette place. Les lignes de chemins de fer qui existaient au nord et au sud pouvaient lui amener des renforts et transporter toutes ses forces à la frontière.

Le récit des événements nous conduira ultérieurement à parler en détail de la force extraordinaire de cette position sur la Moselle. Toutefois, avant le début de la campagne, les Français songèrent beaucoup plus à s'en servir pour l'offensive que pour la défensive. Les grands approvisionnements de chassepots et de matériel de siége qui furent trouvés dans la place après sa capitulation, le dénotent clairement. Metz défendait d'ailleurs la ligne depuis le Luxembourg jusqu'aux Vosges d'une façon si complète, que les commandants de l'armée française, habitués à la guerre offensive, pouvaient à peine s'être rendu compte auparavant de la nécessité de la chose.

Le *IVe corps*, commandé par le géréral *Ladmirault*, formait l'aile gauche et occupait les environs de *Thionville*. Comme la neutralité du Luxembourg devait être observée par l'armée allemande, ce corps put bientôt se porter par Bouzonville et Boulay, vers *Sarrelouis*; le surplus des troupes nécessaires pour observer cette dernière place, devint ainsi disponible et renforça le IIe corps.

Le *VIe corps*, sous les ordres du maréchal *Canrobert*, et le *corps de la garde*, commandé par le général *Bourbaki*, se formèrent en échelons le long de la ligne de chemin de fer *Metz-Nancy-Lunéville-Toul*, de sorte que ces troupes, suivant les circonstances, pouvaient être dirigées soit sur le rayon de Metz et St-Avold, soit sur l'Alsace. A part l'embranchement de Metz, cette voie était également, en cas de revers, la principale ligne de retraite que devaient suivre les troupes forcées d'abandonner la défense des passages des Vosges, depuis Bitche jusqu'à Belfort, pour gagner à temps les positions dans lesquelles elles pouvaient arrêter la marche des Allemands sur Paris. Cette ligne *Sarrebourg-Lunéville-Nancy-Toul* est celle que prit le maréchal Mac-Mahon lorsqu'il battit en retraite, et sur laquelle le prince royal le suivit jusqu'à Nancy.

Jetons un coup d'œil sur l'ensemble de la disposition stratégique des forces de la France :

Au moment où le plan de campagne de l'armée française fut élaboré, elle croyait encore profondément à sa supériorité. Mais dès que la lutte fut engagée, l'empereur se montra irrésolu, indécis et plein d'appréhensions devant la puissance de l'Allemagne ; cependant, au jour où le plan de campagne fut adopté, la confiance ne devait pas encore l'avoir abandonné : Une base d'opérations aussi étendue et aussi rapprochée de la frontière que l'était celle de l'armée française — de *Thionville* à *Belfort* — ne peut être avantageuse que pour autant que l'on n'ait pas à se garantir d'une offensive rapide de la part de l'adversaire.

On nous opposera peut-être qu'en 1866, la Prusse aussi avait une base d'opérations fort étendue, et que cependant elle n'était pas certaine du succès. Notre réplique à cette objection est toute faite. Il suffira de rappeler que la mobilisation des armées ne coïncida pas avec la déclaration de guerre, mais que les forces furent mises en mouvement pendant que s'échangeaient les notes diplomatiques. A cette époque pourtant, nos frontières ne furent occupées que par des avant-gardes, tandis que les gros de nos troupes avaient à l'intérieur d'excellentes bases d'opérations. Les masses de notre armée ne se portèrent sur la frontière qu'après que les commandants se fussent exactement renseignés sur la situation de l'ennemi et qu'ils eussent appris que les troupes autrichiennes étaient loin d'être prêtes à prendre la campagne. Ce fut aussi sans hésitation que l'armée prussienne pénétra directement de sa base d'opérations dans le territoire ennemi.

Les Français, au contraire, ne connaissaient nullement notre position ; ils supposaient que nos forces se trouvaient beaucoup plus en arrière, de sorte qu'ils ne virent aucune imprudence à se concentrer successivement sur leur base, en laissant inactives les troupes déjà placées, pendant que nos corps, arrivés plus tard sur leur base d'opérations, s'en éloignaient déjà pour se porter en avant. Nous verrons en temps opportun pourquoi notre base d'opérations fut placée sur le Rhin plutôt qu'à la frontière.

Une autre considération nous porte à juger défavorablement le plan de campagne de l'armée française : Si, par le rouage de son organisation, par sa mobilité, par des *impedimenta* moindres etc., elle avait été réellement apte à une concentration rapide, et si, sous ce rapport, elle s'était montrée supérieure aux Allemands, cet avantage, en des circonstances heureuses, eût pu compenser la défectuosité de sa base d'opérations. Mais il en était tout autrement : Les troupes allemandes, contrairement aux soldats français, étaient rompues à toutes les fatigues du service. D'ailleurs, la mobilité d'une armée dépend de l'énergie que les chefs savent communiquer aux soldats, bien plus que du poids dont ces derniers sont chargés. La marche des colonnes françaises était entravée par le bagage exorbitant des officiers. Rien n'arrête un bataillon prussien se rendant à l'emplacement qui lui est assigné ; il se divise par compagnies, par pelotons au besoin, quand le terrain est difficile ; muni de son sac contenant ce dont il a besoin pour plusieurs jours, le lieutenant s'élance à la tête de sa subdivision ; la carte et son intelligence le guident vers l'endroit désigné pour le rassemblement. Les chevaux de bât et les chevaux de selle des officiers accompagnent la troupe aussi longtemps que possible ; lorsque le terrain ne le permet plus, ils rejoignent les bagages sur les routes.

Il n'est pas encore possible d'apprécier assez exactement la disposition des parties de corps à la frontière, pour la condamner d'une manière formelle. Il nous semble pourtant que sous ce rapport aussi, la stratégie française est sujette à la critique. A certains endroits, les divisions étaient trop rapprochées, tandis qu'à d'autres elles étaient trop espacées. De grands intervalles, toutefois, pouvaient être nécessaires, et trouvaient leur excuse dans la longueur de la base d'opérations. Mais on pouvait éviter de serrer les divisions, circonstance qui, très-probablement, a été préjudiciable à nos adversaires. A moins de les réunir pour exécuter une marche ou pour combattre en masse, les divisions sont une force tactique assez importante pour qu'il n'y ait pas d'inconvénient à laisser entre elles une certaine distance ; encore faut-il qu'elles puissent se joindre promptement ; de cette façon elles gagnent en mobilité et couvrent une plus grande étendue de terrain.

VII.

Le plan de campagne du roi Guillaume et l'ordre de bataille allemand.

Le roi Guillaume était à Ems, et se préparait à prendre, comme il le faisait chaque année, le commandement supérieur des troupes qui devaient se réunir pour les manœuvres d'automne. Malgré son grand âge, il consacrait tout son temps à travailler au salut de la patrie.

Ses deux grands conseillers militaires, le général de Moltke et le ministre de la guerre de Roon, étaient, l'un à sa campagne de Kreisau, l'autre à sa terre de la Marche, d'où il revenait quelques jours par semaine, afin de surveiller les travaux de son département. Enfin, le comte de Bismarck habitait sa propriété de Varzin. Certes, à cette époque l'esprit des grands chefs de l'Allemagne militaire était loin d'être préoccupé de plans de campagne, d'armements, de mobilisation, etc. Ils pouvaient d'ailleurs se livrer au repos, car ils étaient préparés à tout événement.

Cependant, de vagues indices faisaient déjà pressentir les projets de surprise que la France roulait contre nous; les esprits défiants ne croyaient plus à la durée de la paix, et maint particulier ignorant les détours de la politique, distinguait déjà dans le lointain les éclairs précurseurs de l'orage, pendant que les commandants de l'armée allemande vivaient encore dans la douce quiétude d'une parfaite sécurité.

Puis, lorsque l'orage parut à l'horizon politique, lorsqu'il fit entendre de sourds grondements, ces chefs, dispersés, ne purent se réunir en conférence intime sous la présidence du souverain. Ce ne fut qu'après le retour du roi Guillaume, le soir du 15 juillet, après qu'il eut fait son entrée dans la résidence royale au milieu de l'enthousiasme délirant et patriotique du peuple, que le conseil de guerre s'assembla pour la première fois.

Comment expliquer les acclamations par lesquelles le monarque fut reçu à son retour, et qui avaient pris le caractère d'une véritable allégresse, lorsque le pays était en danger?

L'Allemagne n'était-elle point menacée par ce conquérant, le plus puissant guerroyeur de l'Europe?

Le voile noir qui s'étendait jadis sur l'avenir de la Germanie était donc déchiré?

A la vue de son vénérable souverain, la grande voix du peuple allemand s'élève pour répondre par ces paroles du poëte : « *Chère patrie, tu peux être tranquille !* » Elle salue le roi qui sut garantir l'intégrité du territoire allemand, en créant une armée admirable, l'orgueil du pays ; elle salue le général qui rendit la confiance à la nation germanique, et qui confirma les paroles prophétiques du poëte !

Décidé aux derniers sacrifices, le peuple allemand remit entre les mains de son Génie, le commandement de la milice citoyenne de la Confédération.

Le roi Guillaume rentra dans son palais, ceint de l'épée de la Germanie !

Devant ses portes, les cris d'allégresse s'éteignirent

peu à peu, afin de ne pas troubler les travaux du conseil de guerre : Un dernier coup d'œil fut jeté au plan préparé, qui fut alors définitivement adopté.

Le télégraphe eut bientôt porté par toute l'Allemagne, l'ordre de mobilisation : du nord au midi, de l'est à l'ouest, de Schleswig à Munich, de Königsberg à Stuttgart ! On mit promptement à exécution les projets conçus en temps de paix, en vue de pareilles éventualités.

Les souverains de l'Allemagne du Sud étaient fidèles aux conventions stipulées par les traités de garantie : Un plan général de mobilisation avait été convenu, avant la guerre, entre eux et le Nord allemand. Avant 1870, ce plan se trouvait en substance dans les bureaux secrets du ministère de la guerre.

Les commissions de chemins de fer avaient résolu sommairement le prodigieux problème de concentrer l'armée mobile avec une rapidité extrême, et de transporter aussi promptement que possible les troupes de garnison et de remplacement aux endroits qu'elles devaient occuper.

Le grand rouage qui, en quinze jours, devait amener sur pied, prête à livrer bataille, l'Allemagne entière tirée de la paix la plus profonde, fut mis en mouvement le *16 juillet* au point du jour. Des côtes de la Baltique jusqu'à celles du lac de Constance, les soldats de la landwehr, répondant au premier appel, prenaient congé des leurs pour rejoindre les drapeaux.

A peine la mobilisation avait-elle commencé, que déjà nous apprenions que des masses considérables de troupes ennemies s'approchaient de la frontière. La crainte d'une surprise trouva de l'écho, même dans les cercles élevés où tous étaient convaincus de la sûreté de notre système de défense. Mais quand, le *19 juillet* déjà, la *déclaration de guerre* fut notifiée à Berlin, les commandants de nos armées crurent positivement à l'exécution des projets de la France, comportant une offensive immédiate, et reconnurent pour nous la possibilité d'un premier échec.

Les rumeurs absurdes, répandues par des gens étrangers au métier des armes, provoquèrent chez le peuple allemand une vive agitation, qui ne disparut que devant le calme méthodique avec lequel le plan de mobilisation fut exécuté dans ses moindres détails, et qui rendit la confiance aux esprits les plus pusillanimes.

Presque d'heure en heure, jour et nuit, le chemin de fer amenait dans les dépôts des milliers de soldats rappelés sous les armes. Dès que le dernier permissionnaire était rentré, les détachements étaient immédiatement dirigés vers l'ouest. Rien ne chômait. Le télégraphe transmit jusque dans les contrées les plus lointaines, l'ordre de rappel aux soldats allemands résidant à l'étranger.

Malgré la menace d'une surprise, aucun corps d'armée ne fut rassemblé ni dirigé sur la frontière, avant le jour fixé par le plan de mobilisation. Une partie des troupes de garnison suffit pour entourer provisoirement nos frontières d'un cordon de surveillance.

L'ennemi cependant ne tenta aucune surprise; le peuple allemand fut convaincu, dès lors, que l'intention de nos chefs était de prendre l'offensive aussi rapidement que possible, et que sur cette offensive reposait entièrement le plan de campagne du roi Guillaume.

L'Allemagne ne s'était pas trompée.

Le souverain, en intime communauté d'idées avec le général de Moltke, avait depuis longtemps déterminé nos lignes stratégiques, et chaque commandant d'armée et de corps d'armée fut informé des lieux précis qui devaient servir de points de départ aux opérations, et entre lesquels les troupes qu'ils dirigeaient devaient se concentrer et se mouvoir.

L'unité du commandement était indispensable en présence de la grandeur de l'idée stratégique conçue par nos chefs. L'obéissance des commandants d'armée et de corps d'armée aux ordres de mouvement qu'ils recevaient en temps et lieu, ne devait pas être simplement passive, mais encore en connexion avec les vues du plan de campagne adopté.

Cette obéissance et le sentiment du devoir, dont tous les degrés de la hiérarchie militaire étaient pénétrés, unis aux éléments moraux introduits dans l'armée par le service obligatoire, donnèrent aux forces de l'Allemagne, une puissance à laquelle les bravades de la nation française n'étaient pas non plus tout-à-fait étrangères.

Une telle armée, ayant à défendre ses propres biens, et animée du désir d'exécuter de grandes choses, devait se faire anéantir plutôt que de céder, ou bien écraser l'ennemi qui venait troubler sa paix.

Les idées stratégiques que nous avions adoptées, avaient été expérimentées en 1866; quoiqu'elles eussent donné d'excellents résultats, elles furent critiquées sur plusieurs points par de soi-disant autorités françaises. Nous savons aujourd'hui que les idées sur lesquelles les commandants de l'armée impériale basaient les opérations offensives qu'ils avaient projetées avant l'ouverture des hostilités, n'étaient qu'une contrefaçon de la stratégie prussienne en Bohême.

La frontière allemande était occupée sur toute son étendue, de Thionville à Belfort, et l'armée française se proposait de se concentrer en avant sur le territoire allemand, tout comme en 1866 Gitschin avait été désigné comme point de concentration à la I⁣e et à la II⁣e armée prussienne, ainsi qu'à l'armée de l'Elbe.

Au début de cette campagne, notre armée avait été disposée, depuis la province de Saxe jusqu'à la Haute-Silésie, le long des frontières du royaume de Saxe et de la Bohême. Plusieurs points stratégiques qui défendaient certaines lignes de communication, étaient occupés seulement par une ou deux divisions; les lieux de rassemblement étaient très-rapprochés de la frontière, de sorte que les grandes colonnes de marche ne pouvaient se porter en avant et se joindre, que sur le territoire ennemi.

Mais les dispositions stratégiques de l'armée allemande contre la France étaient toutes différentes, quoique l'idée en ait été conçue par les mêmes généraux, le roi et son chef d'état-major.

En 1866, les masses ennemies, au moment où nous arrivions à la frontière, en étaient encore fort éloignées; mais en 1870, les Français nous y avaient devancés. Les premiers points de jonction de nos colonnes devaient donc se trouver en deçà de nos limites. Par conséquent, notre base d'opérations devait, au moins dans sa plus grande étendue, être placée autant que possible en arrière, afin de donner aux colonnes de marche un plus grand espace pour se mouvoir.

L'exécution du plan de campagne adopté pour la guerre de Bohême, et d'après lequel l'ennemi devait être enveloppé, exigeait une base d'opérations plus grande. D'une part l'extension de cette base était nécessaire à cause de la longueur de la ligne des frontières, de l'autre parce que, vis-à-vis de l'Autriche, nous pouvions nous permettre d'espacer nos premiers points d'opération; enfin, il était infiniment plus important encore en 1866 qu'en 1870, de battre l'ennemi promptement et sur son propre territoire. Les colonnes de marche moins profondes de 1866 pouvaient atteindre plus rapidement les objectifs les plus voisins ; il était indispensable pour nous, en effet, d'intercepter de toutes manières les communications de l'Autriche avec ses alliés de l'Allemagne du Sud.

Mais en face de la France jusqu'alors victorieuse, et qui faisait sonner bien haut la supériorité de son chassepot — tandis qu'en 1866 notre fusil à aiguille l'emportait sur l'arme autrichienne — il était important de réduire autant que possible l'étendue de notre base d'opérations. Plus longue et s'étendant vers la Suisse, elle aurait permis aux Français, concentrés en grandes masses près de la frontière, de percer nos lignes.

La base qui avait été choisie, peu étendue et placée le long du Rhin moyen, nous permettait, au lieu d'envelopper l'ennemi, de l'aborder de front, et, disposés en forme de coins, de pénétrer vigoureusement au milieu de ses positions. Encore fallait-il, pour que ces coins fussent d'une utilité réelle, que la pointe de chacun d'eux se trouvât à proximité d'une ligne de chemin de fer conduisant dans l'intérieur du pays ennemi. On ne peut plus compter aujourd'hui sur de grands succès stratégiques ou tactiques, si l'on n'a en son pouvoir une ligne de chemin de fer exclusivement affectée aux transports militaires. S'en servir pour l'exécution des mouvements offensifs, est du reste le plus sûr moyen de rencontrer l'ennemi.

Il est évident toutefois que l'exécution de notre plan de campagne était, avant tout, subordonnée à la manière dont notre adversaire disposerait ses forces et les ferait mouvoir.

Si l'armée française restait passive, si elle ne venait pas inquiéter nos flancs et entraver ainsi les marches projetées, celles-ci devaient se faire avec un plein succès. Une condition essentielle, cependant, était d'opérer avec la plus grande promptitude.

Voyons maintenant comment les *trois parties* dans lesquelles l'armée allemande avait été divisée (voir l'*ordre de bataille* ci-après), devaient combiner leurs mouvements pour obtenir les résultats voulus, c'est-à-dire pour faire subir à l'armée ennemie les plus grandes pertes possibles, sans s'écarter considérablement de notre dernier et principal objectif, *Paris*, tout en assurant leurs communications avec leur base d'opérations.

Si les troupes françaises s'étaient portées de Metz vers le sud, et surtout si elles parvenaient à se réserver le choix des routes, elles trouvaient sur leur passage, jusqu'aux côtes de la Méditerranée, des renforts considérables, et conservaient toujours des lignes de retraite ouvertes derrière elles.

Si, au contraire nous parvenions à empêcher l'ennemi de se retirer vers le sud, et à ne lui laisser, pour reculer, que les routes du nord, ses lignes de retraite, à cause du voisinage de la mer et des frontières neutres, étaient beaucoup moins étendues et moins nombreuses; de plus, l'armée allemande, dans ce cas, ne devait s'écarter que relativement peu de sa ligne d'opérations.

L'état-major général avait reconnu, pour cette raison, la nécessité de faire exécuter aux trois armées allemandes, un changement de direction à droite. Dans le principe, elles étaient rangées face au sud-ouest. Il s'agissait par conséquent de les placer front vers l'ouest, puis, si possible, vers le nord-ouest et même vers le nord. C'était donc l'aile gauche (la IIIe armée) qui avait à fournir les marches les plus longues, en pivotant sur l'aile droite (la I^e armée), laquelle n'avait à franchir que de très-faibles distances.

Mais, pour se porter de la base d'opérations *(Coblence-Bingen-Mayence-Manheim-Rastadt)* sur la frontière, l'aile droite, ne disposant d'aucune voie ferrée, avait eu à parcourir un trajet beaucoup plus long que l'aile gauche qui, de l'extrémité de la base, pouvait atteindre en quelques heures les confins du territoire ennemi près de Lauterbourg, en passant le Rhin à Maxau. En revanche, la IIIe armée, partant de ce point, devait, pour exécuter la conversion dont il s'agit, s'efforcer de gagner du terrain sur les autres armées. Elle avait donc à traverser la position de la Lauter et à se trouver sur le territoire français, avant que les I^e et IIe armées n'eussent touché la frontière en franchissant la position de la Sarre.

Pour compléter l'exposé de la disposition stratégique de nos forces nous mentionnerons encore les principales voies par lesquelles les trois armées allemandes devaient se porter en avant, pour pénétrer en masses dans les lignes ennemies. (Voyez carte I):

1° *De Coblence à la Sarre* (I^e armée);
   a. (Sur la rive gauche de la Moselle):
      Coblence, Mayen, Kellberg, Daun, Bittbourg, Ehrang, Trèves, Lebach, Sarrebruck (Sarrelouis).
   b. (Sur la rive gauche de la Moselle):
      Coblence, Polch, Kaisersesch, Wittlich, Pfalzel, Trèves, Sarrebruck.
   c. (Sur la rive droite de la Moselle):
      Coblence, Boppard, Simmern, Kirchberg, Birkenfeld, Tholey, Sarrebruck.

2º *De Bingen à la Sarre* (II³ armée);
   a. Chemin de fer de Bingen à Neukirchen et Sarrebruck par St. Wendel.
   b. Bingen, Kreuznach, Lauterecken (Bavière Rhénane), Kusel (id), St. Wendel, Sarrebruck — ou Kusel, Waldmohr, Sarrebruck.

3º *De Mayence à la Sarre* (II³ armée);
   a. Chemin de fer de Mayence à Kaiserslautern et Hombourg (Sarrebruck), par Manheim (ou par Sarreguemines et Deux-Ponts).
   b. Mayence, Wörstadt, Alzey, Kirchheim-Boland, Kaiserslautern, Landstuhl, Hombourg, Blieskastel (par Sarreguemines et Sarrebruck).
   c. Mayence, Westhofen, Dürkheim, Kaiserslautern, Blieskastel.
   d. Chemin de fer de Mayence à Oggersheim, par Worms; Dürkheim, Blieskastel (route et voie ferrée).

4º *De Manheim à la Lauter* (III³ armée);
   a. Chemin de fer de Manheim à Landau par Neustadt; à Germersheim par Spire.
   b. Manheim, Neustadt, Landau, Bergzabern (Wissembourg).
   c. Manheim, Spire, Germersheim, Impflingen, Bergzabern.

5º *De Rastadt (Carlsruhe) à la Lauter* (III³ armée);
   Mühlberg, passage du Rhin à Maxau, Hagenbach (Lauterbourg).

ORDRE DE BATAILLE
DE L'ARMÉE MOBILE ALLEMANDE
(AU COMMENCEMENT DE LA GUERRE).

N.-B. — *Les indications en italique sont des compléments ajoutés par les traducteurs.*

GRAND QUARTIER GÉNÉRAL.

Général en chef : **S. M. LE ROI GUILLAUME.**
Chef d'état-major général : Général d'infanterie **de Moltke.**
Ministre de la guerre : Général d'infanterie **de Roon.**
Quartier-maître général : Lieutenant-général DE PODBIELSKI.
Aide de camp du roi : Général d'infanterie DE BOYEN.
Aide de camp du roi et chef du cabinet militaire : Lieutenant-général DE TRESKOW.
Chefs de division { Colonel, aide de camp D'ALBEDYLL.
du cabinet militaire. { Colonel DE TILLY.
Inspecteur général de l'artillerie : Général d'infanterie DE HINDERSIN.
Inspecteur général du génie : Lieutenant-général DE KLEIST.
Général à la suite : Général-major DE STEINACKER.

Attachés au grand quartier gén. {
S. A. R. le prince CHARLES DE PRUSSE, inspecteur-général du matériel de campagne; chef de l'artillerie.
S. A. R. le grand-duc héréditaire DE MECKLEMBOURG-SCHWERIN, major.

Iʳᵉ ARMÉE.
(SE CONCENTRA PAR COBLENCE).

Commandant : Général d'infanterie **de Steinmetz.**
Chef d'état-major : Général-major DE SPERLING.
Commandant de l'artillerie : Lieutenant-général SCHWARTZ.
Commandant du génie : Colonel BIEHLER.

VIIe CORPS (Westphalie).

Commandant : Général d'infanterie **de Zastrow**.
Chef d'état-major : Colonel D'UNGER.
Commandant de l'artillerie : Général-major DE ZIMMERMANN.

13e Div. d'infant. :
Lieut.-général
de Glümer.
Chef d'état-major :
Major DE WERDER.
{
25e Brigade : Général-major D'OSTEN-SACKEN.
1er rég. d'inf. Westph. N° 13 (¹). — Rég. de fusiliers, Hanov. N° 73.
26e Brigade : Général-major VON DER GOLTZ.
2e rég. d'inf. Westph. N° 15. — 6e rég. N° 55.
4 batteries montées du rég. d'art. de campagne, W. N° 7.
1er rég. de hussards, Westph. N° 8.

14e Div. d'infant. :
Lieut.-général
de Kameke.
Chef d'état-major :
Major DE HILGERS.
{
27e Brigade : Général-major DE FRANÇOIS.
Rég. de fus. Bas-Rhin, N° 39. — 1er rég. d'inf. Hanov. N° 74.
28e Brigade : Général-major DE WOYNA.
5e rég. d'inf. W. N° 53. — 2e rég. d'inf. Hanov. N° 77.
4 batteries montées du rég. d'art. de camp. W. N° 7.
Régiment de hussards, Hanov. N° 15.

Bataillon de chass. W. n° 7 (attaché à la 13e division).

ARTILLERIE DE RÉSERVE DU CORPS.

4 batteries montées et 1 batt. à ch. du rég. d'art. de camp. W. N° 7.
Bataillon de pionniers, W. N° 7.
Bataillon du train, W. N° 7.

VIIIe CORPS (Province Rhénane).

Commandant : Général d'infanterie **de Göben**.
Chef d'état-major : Colonel DE WITZENDORFF.
Commandant de l'artillerie : Colonel DE KAMECKE.

15e Div. d'infant. :
Lieut.-général
de Weltzien.
Chef d'état-major :
Major LENTZE.
{
29e Brigade : Général-major DE WEDELL I.
Régiment de fus. Pr. or. N° 33. — 5e régiment d'inf. Rhin, N° 65.
30e Brigade : Général-major DE STRUBBERG.
2e rég. d'inf. Rh. N° 28. — 6e régiment, N° 68.
4 batteries montées du rég. d'art. de campagne, Rh. N° 8.
Régiment de hussards (du Roi), N° 7.

---

[1] On trouvera dans l'annexe N° 2, les noms des commandants de régiment.

16ᵉ Div. d'infant. : **31ᵉ Brigade :** Général-major Comte GNEISENAU.
Lieut.-général   3ᵉ régiment d'infanterie, Rh. N° 29. — 7ᵉ régiment. N° 60.
de Barnekow.   **32ᵉ Brigade :** Colonel DE REX.
Chef d'état-major :   Rég. de fus. Hohenzollern. N° 40. — 8ᵉ rég. d'inf. Rh. N° 70.
Capitaine HASSEL.   4 batteries montées du rég. d'art. de campagne. Rh. N° 8.
     2ᵉ régiment de hussards. Rhin. N° 9.

     Bataillon de chasseurs, Rh. N° 8 (attaché à la 15ᵉ division).

     ARTILLERIE DE RÉSERVE DU CORPS.

4 batteries montées et 1 batt. à ch. du rég. d'art. de camp. Rh. N° 8.
Bataillon de pionniers. Rhin. N° 8.
Bataillon du train, Rhin. N° 8.

Iᵉʳ CORPS (Prusse orientale).

(DE RÉSERVE AU DÉBUT.)

Commandant : Général de cavalerie **de Manteuffel**.
Chef d'état-major : Lieutenant-colonel VON DER BURG.
Commandant de l'artillerie : Général-major DE BERGMANN.

1ʳᵉ Div. d'infant. : **1ʳᵉ Brigade :** Général-major DE GAYL.
Lieut.-général   Régiment de gren. Prince royal (1ᵉʳ régiment. Pr. or.). N° 1.
de Bentheim.   5ᵉ régiment d'infanterie. Pr. or. N° 41.
Chef d'état-major :   **2ᵉ Brigade :** Général-major DE FALKENSTEIN.
Major   2ᵉ rég. de gren. Pr. or. N° 3. — 6ᵉ rég. d'inf. Pr. or. N° 43.
DE SCHROTTER.   4 batteries montées du rég. d'art. de campagne. Pr. or. N° 1.
     Régiment de dragons. Lithuanie. N° 1.

2ᵉ Div. d'infant. : **3ᵉ Brigade :** Général-major DE MEMERTY.
Lieut.-général   3ᵉ rég. de grenadiers. Pr. or. N° 4. — 7ᵉ rég. d'inf. Pr. or. N° 44.
de Pritzelwitz.   **4ᵉ Brigade :** Général-major DE ZGLINITZKI.
Chef d'état-major :   4ᵉ rég. de gren. Pr. or. N° 5. — 8ᵉ rég. d'inf. Pr. or. N° 45.
Capitaine   4 batteries montées du régiment d'art. de camp. Pr. or. N° 1.
DE JAROTSKI.   Régiment de dragons. Pr. orientale. N° 10.

     Bataillon de chasseurs. Pr. or. N° 1 (attaché à la 1ʳᵉ division).

     ARTILLERIE DE RÉSERVE DU CORPS.

4 batteries montées et 1 batt. à ch. du rég. d'art. de camp. Pr. or. N° 1.
Bataillon de pionniers. Pr. or. N° 1.
Bataillon du train, Pr. or. N° 1.

ATTACHÉES A LA Iᵉ ARMÉE.

1ᵉ Division de cavalerie :
Lieut.-général **de Hartmann.**
Chef d'état-major :
Cap. DE SALDERN.
- *1ᵉ Brigade :* Colonel DE LÜDERITZ.
- Rég. de cuirassiers (de la Reine), N° 2.
- 1ʳ rég. de lanciers, Pomér. N° 4. — 2ᵉ régiment, N° 9.
- *2ᵉ Brigade :* Général-major BAUMGARTH.
- Rég. de cuir. Pr. or. (Général Wrangel), N° 3.
- Rég. de lanciers Pr. or. N° 8. — Rég. de lanciers, Lith. N° 12.
- 2 batteries à cheval des rég. d'artillerie de la Pom. et de la Pr. or.

3ᵉ Div. de cavalerie :
Lieut.-général **Cᵗᵉ von der Gröben**
Chef d'état-major :
Cap. Cᵗᵉ DE WEDEL.
- *6ᵉ Brigade :* Général-major DE MIRUS.
- Rég. de cuir. Rh. N° 8. — Rég. de lanciers, Rh. N° 7.
- *7ᵉ Brigade :* Général-major Cᵗᵉ DOHNA.
- Rég. de lanc. Westph. N° 5. — 2ᵉ rég. de lanciers, Han. N° 14.
- 2 batteries à cheval des rég. d'art. Westph. et Prov. Rh.

IIᵉ ARMÉE.

Commandant : Général de cavalerie **S. A. R. le prince Frédéric-Charles de Prusse.**
Chef d'état-major : Général-major DE STIEHLE.
Commandant de l'artillerie : Lieutenant-général DE COLOMIER.
Commandant du génie : Colonel LEUTHANS.

(A. CORPS D'ARMÉE QUI SE CONCENTRÈRENT PAR BINGEN).

IIIᵉ CORPS (Brandebourg).

Commandant : Lieutenant-général **d'Alvensleben II.**
Chef d'état-major : Colonel DE VOIGTS-RHETZ.
Commandant de l'artillerie : Général-major DE BÜLOW.

5ᵉ Division d'infanterie :
Lieut.-général **de Stülpnagel.**
Chef d'état-major :
Major DE LEWINSKI II.
- *9ᵉ Brigade :* Général-major DE DÖRING.
- Rég. des gren. gardes du corps (1ᵉʳ rég. Brand.), N° 8.
- 5ᵉ régiment d'infanterie, Brand. N° 48.
- *10ᵉ Brigade :* Général-major DE SCHWÉRIN.
- 2ᵉ régiment de gren. Brand. (Prince Charles de Prusse), N° 12.
- 6ᵉ régiment d'infanterie, Brand. N° 52.
- 4 batteries montées du rég. d'art. de camp. B. N° 3.
- 2ᵉ régiment de dragons, Brand. N° 12.

6ᵉ Division d'infanterie :
Lieut.-général de **Buddenbrock**.
Chef d'état-major:
Major DE GEISLER.

11ᵉ Brigade (¹) : Général-major DE ROTHMALER.
3ᵉ rég. d'inf. Brand. n° 20. — Rég. de fusiliers, Brand. N° 35.
12ᵉ Brigade : Colonel DE BISMARCK.
4ᵉ régiment d'inf. Brand. (Grand-duc de Mecklembourg), N° 24.
8ᵉ rég. d'inf. Brand. (Prince Frédéric-Charles de Prusse), N° 64.
4 batteries montées du régiment d'art. de camp. B. N° 3.
1ᵉʳ régiment de dragons, Brand. N° 2.

Bataillon de chass. Brand. N° 3 (attaché à la 5ᵉ division).

ARTILLERIE DE RÉSERVE DU CORPS.

4 batteries montées et 1 batterie à cheval du régiment d'artillerie de campagne, Brandebourg, N° 3.
Bataillon de pionniers, Brandebourg, N° 3.
Bataillon du train, Brandebourg, N° 3.

Xᵉ CORPS (Hanovre).

Commandant : Général d'infanterie **de Voigts-Rhetz**.
Chef d'état-major : Lieutenant-colonel DE CAPRIVI.
Commandant de l'artillerie : Colonel VON DER BECKE.

9ᵉ Div. d'infant.:
Lieut.-général de Schwartzkoppen.
Chef d'état-major:
Major DE SCHERFF.

37ᵉ Brigade : Général-major DE FABEK I.
Régiment d'inf. Frise orient. N° 78. — Rég. d'inf. Oldenb. N° 91.
38ᵉ Brigade : Général-major DE WEDELL II.
3ᵉ rég. d'inf. Westph. N° 16. — 8ᵉ régiment, N° 57.
4 batteries montées du rég. d'art. de camp. Han. N° 10.
1ᵉʳ régiment de dragons, Hanovre, N° 9.

20ᵉ Div. d'infant.:
Général-major de Kraatz-Koschlau.
Chef d'état-major:
Cap. DE WILLISEN.

39ᵉ Brigade : Général-major DE WOYNA.
7ᵉ rég. d'inf. Westph. N° 56. — 3ᵉ rég. d'inf. Hanov. N° 79.
40ᵉ Brigade : Général-major DE DIRINGSHOFEN.
4ᵉ rég. d'inf. Westph. N° 17. — Rég. d'inf. Brunsw. N° 92.
4 batteries montées du rég. d'art. de camp. Han. N° 10.
2ᵉ régiment de dragons, Hanovre, N° 16.

Bataillon de chass. Han. N° 10 (attaché à la 20ᵉ division).

ARTILLERIE DE RÉSERVE DU CORPS.

4 batteries montées et 1 batt. à ch. du rég. d'art. de camp. Han. N° 10.
Bataillon de pionniers, Hanovre, N° 10.
Bataillon du train, Hanovre, N° 10.

(¹) Le régiment d'infanterie N° 60, qui avait été désigné pour faire partie de cette brigade, reçut une autre destination.

IV CORPS (Magdebourg et Thuringe).

Commandant : Général d'infanterie **d'Alvensleben I.**
Chef d'état-major : Lieutenant-Colonel DE THIELE.
Commandant de l'artillerie : Colonel CRUSIUS.

7e Div. d'infant.:
Lieut.-général
de Gross dit
de Schwarzhoff.
Chef d'état-major:
Cap. BERGMANN.

- *13e Brigade :* Général-major DE BORRIES.
- 1er rég. d'inf. Magd. N° 26. — 3e régiment, N° 66.
- *14e Brigade* (¹) *:* Général-major DE ZYCHLINSKI.
- 2e rég. d'inf. Magd. N° 27. — Rég. d'inf. Anhalt, N° 97.
- 4 batteries montées du rég. d'art. de camp. Magd. N° 4.
- Régiment de dragons, Westph. N° 7.

8e Div. d'infant.
Lieut.-général
de Schöler.
Chef d'état-major:
Major
DE KRETSCHMANN.

- *15e Brigade :* Général-major DE KESSLER.
- 1er rég. d'infanterie, Thuringe, N° 31. — 3e régiment, N° 71.
- *16e Brigade* (²) *:* Gén.-maj. DE SCHMIDT.
- Rég. de fus. Schl.-Holst. N° 86. — 7e rég. d'inf. Thur. N° 96.
- 4 batteries montées du rég. d'art. de camp. Magd. N° 4.
- Régiment de hussards, Thuringe, N° 12.

Bataillon de chass. Magd. n° 4 (attaché à la 7e division).

ARTILLERIE DE RÉSERVE DU CORPS.

4 batteries montées et 1 batt. à ch. du rég. d'art. de camp. Magd. N° 4.
Bataillon de pionniers, Magdebourg, N° 4.
Bataillon du train, Magdebourg, N° 4.

(B. CORPS D'ARMÉE QUI SE CONCENTRÈRENT PAR MAYENCE.)

IXe CORPS (³) (Hesse-Darmstadt et Schleswig-Holstein).

Commandant : Général d'infanterie **de Manstein.**
Chef d'état-major : Major BRONSART DE SCHELLENDORF.
Commandant de l'artillerie : Général-major DE PUTTKAMER.

(¹) Le régiment d'infanterie N° 67, qui avait été désigné, reçut une autre destination.
(²) Le régiment d'infanterie N° 72, qui avait été désigné, reçut une autre destination.
(³) La 17e division d'infanterie, qui avait été désignée pour faire partie de ce corps, reçut une autre destination.

Div. d'infantrie du grand-duché de Hesse (25ᵉ) : Lieut.-général **Prince Louis de Hesse.**
- *49ᵉ Brigade :* Commandement vacant.
- Régiment des gardes du corps (1ᵉʳ régiment d'infanterie).
- 2ᵉ régiment d'infanterie (Grand-duc).
- 1ᵉʳ bataillon de chasseurs (garde).
- *50ᵉ Brigade :* Général-major DE WITTICH.
- 3ᵉ régiment d'infanterie (gardes du corps).
- 4ᵉ régiment d'infanterie (Prince Charles).
- 2ᵉ bataillon de chasseurs (gardes du corps).
- 1ᵉʳ et 2ᵉ régiments de cavalerie : Général-major DE RANTZAU.
- 1ᵉ division du corps d'artillerie de camp. Hesse.
- Compagnie de pionniers.
- Division du train.

18ᵉ Div. d'infant. : Lieut.-général **B.ᵒⁿ de Wrangel.** *Chef d'état-major :* Major LUST.
- *35ᵉ Brigade :* Général-major DE BLUMENTHAL.
- Régiment de fus. Magd. N° 36. — Régiment d'inf. Schl. N° 84.
- *36ᵉ Brigade :* (¹) Général-major DE BELOW.
- 2ᵉ régiment de gren. Silésie, N° 11. — Rég. d'inf. Holst. N° 85.
- Régiment de dragons, Magd. N° 6.
- 4 batteries du rég. d'art. de camp. Schl.-Holst. N° 9.
- Bataillon de chasseurs, Lauenbourg, N° 9.

ARTILLERIE DE RÉSERVE DU CORPS.

(Combinée.)
Bataillon de pionniers, Schl.-Holst. N° 9.
Bataillon du train, Schl.-Holst. N° 9.

XIIᵉ CORPS (Royaume de Saxe.)

Commandant : **S. A. R. le Prince royal de Saxe.**
Chef d'état-major : Lieutenant-colonel DE ZEZSCUWITZ.
Commandant de l'artillerie : Général-major KÖHLER.

23ᵉ Div. d'infant. : Lieut.-général **S. A. R. le Prince Georges.**
- *45ᵉ Brigade :* Commandement vacant.
- 1ᵉʳ régiment de gren. (gardes du corps), N° 100.
- 2ᵉ régiment de gren. (Roi Guillaume de Prusse), N° 101.
- *46ᵉ Brigade :* Colonel DE MONTBÉ.
- 3ᵉ rég. d'inf. (Prince royal), N° 102. — 4ᵉ rég. d'inf. N° 103.
- Régiment de tirailleurs (fusiliers) N° 108.
- 4 batteries du régiment d'art. de campagne N° 12.

(¹) Le régiment d'infanterie, Rhin N° 25, qui avait été désigné, était resté à Sonderbourg.

24e Div. d'infant. :
Lieut.-général
**Nerhoff
de Holderberg.**
- *47e Brigade :* Général-major Tauscher.
- 5e rég. d'inf. (Prince Frédéric-Auguste), No 104. — 6e rég. No 105.
- *58 Brigade :* Colonel de Schulz.
- 7e rég. d'inf. (Prince Georges), No 106. — 8e rég. d'inf. No 107.
- 1er bataillon de chasseurs (Prince royal), No 12.
- 2e bataillon de chasseurs, No 13.
- 4 batteries du rég. d'art. de campagne No 12.

Div. de cavalerie.
- Régiment de cavalerie de la garde.
- 1er, 2e et 3e régiments de cavalerie.
- 1er et 2e régiments de lanciers (Nos 17 et 18).

ARTILLERIE DE RÉSERVE DU CORPS.

Le restant du régiment d'artillerie de campagne No 12.
Bataillon de pionniers No 12.
Bataillon du train No 12.

CORPS DE LA GARDE.

Commandant : Général de cavalerie **Prince Auguste de Wurtemberg**.
Chef d'état-major : Général-major de Dannenberg.
Commandant de l'artillerie : Général-major Prince Kraft Hohenlohe.

1e Div. d'infant.
de la garde :
Général-major
de Pape.
Chef d'état-major :
Cap. de Holleben.
- *1e Brigade :* Général-major de Kessel.
- 1er et 3e régiments de la garde à pied.
- Bataillon de chasseurs de la garde.
- *2e Brigade :* Général-major de Medem.
- 2e et 4e régiments de la garde à pied.
- Régiment de fusiliers de la garde.
- 4 batteries du rég. d'art. de camp. de la garde.
- Cavalerie divisionnaire de la garde.

2e Div. d'infant.
de la garde :
Lieut.-général
de Budritzky.
Chef d'état-major :
Cap. de Weiher.
- *3e Brigade :* Colonel de Knappe.
- Rég. de gren. de la garde (Empereur Alexandre), No 1.
- 3e rég. de gren. de la garde (Reine Élisabeth).
- *4e Brigade :* Général-major de Berger.
- Rég. de gren. de la garde (Empereur François), No 2.
- 4e rég. de gren. de la garde (de la Reine).
- Bataillon de tirailleurs de la garde.
- 4 batteries du rég. d'art. de camp. de la garde.
- Cavalerie divisionnaire de la garde.

ARTILLERIE DE RÉSERVE DU CORPS.

4 batteries montées et 1 batt. à ch. du rég. d'art. de camp. de la garde.
Bataillon de pionniers de la garde.
Bataillon du train de la garde.

(C. Corps d'armée qui ne fut dirigé que dans la suite sur le théâtre de la guerre).

IIe CORPS (Poméranie.)

Commandant : Général d'infanterie **de Fransecki**.
Chef d'état-major : Colonel DE WICHMAN.
Commandant de l'artillerie : Général-major DE KLEIST.

3e Div. d'infant. :
Lieut.-général
de Hartmann.
Chef d'état-major :
Cap. STOCKMAR.
- *5e Brigade :* Général-major DE KOBLINSKI.
  Rég. de gren. Roi Frédéric-Guillaume IV (1er rég. de Pom.), N° 2.
  5e régiment d'infanterie, Pomér. N° 42.
- *6e Brigade :* Colonel VON DER DECKEN.
  3e rég. d'infant. Pomér. N° 14. — 7e régiment N° 54.
  4 batteries du rég. d'art. de camp. Pom. N° 2.
  Régiment de dragons, Nouv. Marche, N° 3.

4e Div. d'infant. :
Lieut.-général
Hann de Weyhern
Chef d'état-major :
Cap. BOIE.
- *7e Brigade :* Général-major DU TROSSEL.
  Régiment de gren. Colberg (2e régiment de Pom.), N° 2.
  6e régiment d'infanterie, Pom. N° 49.
- *8e Brigade :* Général-major DE KETTLER.
  4e régiment d'inf. Pom. N° 21, 8e régiment, N° 61.
  4 batteries du régiment d'art. de camp. Pom. N° 2.
  Régiment de dragons, Pomér. N° 11.

Bataillon de chass. Pom. N° 2 (attaché à la 3e division).

ARTILLERIE DE RÉSERVE DU CORPS.

4. batt. montées et 1 batt. à ch. du rég. d'art. de camp. Pom. N° 2.
Bataillon de pionniers, Poméranie, N° 2.
Bataillon du train, Poméranie, N° 2.

ATTACHÉES A LA IIe ARMÉE :

5e Div. de caval. :
Lieut-général
de Rheinbaben.
Chef d'état-major:
Cap. de Heister.

- *11e Brigade:* Colonel de Barby.
  Rég. de cuir. Westph. No 4. — 1er rég. de lanc. Han. No 13.
  Régiment de dragons, Oldenb. No 19.
- *12e Brigade:* Général-major de Bredow.
  Rég. de cuir. Magd. No 7. — Rég. de lanc. Vieille Marche, No 16.
  Régiment de dragons, Schl.-Holst. No 13.
- *13e Brigade:* Général-major de Redern.
  Rég. de hussards, Magd. No 10. — Rég. de huss. Westph. No 11.
  Régiment de hussards, Brunswick No 17.
- 2 batteries à cheval.

6e Div. de caval. :
Lieut.-général
Duc Guillaume de Mecklembourg.
Chef d'état-major:
Maj. de Schönfels.

- *14e Brigade:* Général-major de Diepenbroick-Grüter.
  Rég. de cuir. Brand. No 6. — Rég. de lanc. Brand. No 3.
  Régiment de lanciers, Schles.-Holst. No 15.
- *15e Brigade:* Général-major de Rauch.
  Rég. de huss., Brand. No 3. — Rég. de huss. Sch.-Holst. No 16.
- 2 batteries à cheval.

Div. de cavalerie
de la garde :
Lieut.-général
Cte von der Goltz.
Chef d'état-major:
Major d'Ostau.

- *1e Brigade:* Général-major Comte de Brandebourg I.
  Rég. des gardes du corps. — Rég. des cuir. de la garde.
- *2e Brigade:* Lieut.-général Prince Albrecht de Prusse.
  Rég. des huss. de la garde. — 1er et 3e rég. de lanc. de la garde.
- *3e Brigade:* Général-major Comte de Brandebourg II.
  1er et 2e rég. de drag. de la garde. — 2e rég. de lanc. de la garde.
- N.-B. — Deux régiments attachés aux divisions d'infanterie de la garde.
- 2 batteries à cheval.

IIIe ARMÉE (DU SUD).

Commandant : **S. A. R. le Prince royal de Prusse.**
Chef d'état-major : Lieutenant-général de Blumenthal.
Commandant de l'artillerie : Lieutenant-général Herkt.
Commandant du génie : Général-major Schulz.

(A. Corps d'armée qui se concentrèrent par MANHEIM.)

Ve CORPS (Posen et Basse-Silésie).

Commandant : Général-d'infanterie de Kirchbach.
Chef d'état-major : Colonel von der Esch.

9ᵉ Div. d'infant. :
Général-major
de Sandrart.
Chef d'état-major:
Major Jacobi.
- 17ᵉ *Brigade*: Colonel DE BOTHMER.
- 3ᵉ régiment d'infanterie, Pos. N° 58. — 4ᵉ régiment, N° 59.
- 18ᵉ *Brigade*: Général-major DE VOIGTS-RHETZ.
- Rég. de gren. du Roi (2ᵉ rég. Pr. occ.), N° 7.
- 2ᵉ régiment d'inf. Basse-Silésie, N° 47.
- 4 batt. du rég. d'art. de camp. Basse-Silésie, N° 5.
- 1ᵉʳ régiment de dragons, Silésie, N° 4.
- 1ᵉʳ bataillon de chasseurs, Silésie, N° 5.

10ᵉ Div. d'infant. :
Lieut.-général
de Schmidt.
Chef d'état-major:
Capitaine
DE STRUENSEE.
- 19ᵉ *Brigade*: Colonel DE HENNING.
- 1ᵉʳ rég. de gren. Pr. occ. N° 6. — 1ᵉʳ rég. d'inf. Bas.-Sil. N° 46.
- 20ᵉ *Brigade*: Colonel DE WALTHER.
- Rég. de fus. Westph. N° 37. — 3ᵉ rég. d'inf. Bas.-Sil. N° 50.
- 4 batteries du rég. d'art. de camp. Basse-Silésie, N° 5.
- Régiment de dragons, Marche, N° 14.

ARTILLERIE DE RÉSERVE DU CORPS.

4 batt. montées, 1 batt. à ch. du rég. d'art. de camp. B.-Sil. N° 5.
Bataillon de pionniers, Basse-Sil. N° 5.
Bataillon du train, Basse-Sil. N° 5.

XIᵉ CORPS.

Commandant : Lieutenant-général **de Bose.**
Chef d'état-major : Général-major STEIN DE KAMINSKI.
Commandant de l'artillerie : Général-major HAUSMANN.

21ᵉ Division d'inf.:
Général-major
DE SCHACHTMEYER.
Chef d'état-major:
Maj. DE GOTTBERG.
- 41ᵉ *Brigade*: Colonel DE KOBLINSKI.
- Rég. de fus. Hesse. N° 80. — 1ᵉʳ rég. d'inf. Nass. N° 87.
- 42ᵉ *Brigade*: Général-major DE THILE.
- 2ᵉ rég. d'inf. Hesse, N° 82. — 2ᵉ rég. d'inf. Nass. N° 88.
- 4 batt. du rég. d'art. de camp. Hesse, N° 11.
- Régiment de dragons, Pr. Rh. N° 5.

22ᵉ Division d'inf.:
Lieut.-Général
DE GERSDORFF.
Chef d'état-major:
Maj. DE HOLLEBEN.
- 43ᵉ *Brigade*: Colonel DE KONTZKI.
- 2ᵉ rég. d'inf. Thur. N° 32. — 6ᵉ rég. N° 95.
- 44ᵉ *Brigade*: Général-major DE SCHKOPP.
- 3ᵉ régiment d'inf. Hesse, N° 83.
- 5ᵉ rég. d'inf. Thur. (Grand-Duc de Saxe), N° 94.
- 4 batt. du rég. d'art. de Camp. Hesse, N° 11.
- 1ᵉʳ régiment de hussards, Hesse, N° 13.

Bataillon de chass. Hesse, N° 11 (attaché à la 21ᵉ division).

ARTILLERIE DE RÉSERVE DU CORPS.

4 batteries montées, 1 batt. à ch. du rég. d'art. de camp. Hesse, N° 11.
Bataillon de pionniers, Hesse, N° 11.
Bataillon du train, Hesse, N° 11.

Ier CORPS BAVAROIS (Munich).

Commandant : Général d'infanterie **von der Tann**.
Chef d'état-major : Colonel DIEHL.
Commandant de l'artillerie : Général-major HERDEGEN.

1e Division :
Lieut.-général
de Stéphan.

1e Brigade d'infanterie : Général-major DIETL.
Régiment d'inf. gardes du corps. — 1er rég. d'inf. (du Roi).
2e et 9e bataillons de chasseurs.
2e Brigade d'infanterie : Colonel ORFF.
2e rég. d'inf. (Prince royal). — 11e rég. d'inf. (von der Tann).
4e bataillon de chasseurs.
Artillerie divisionnaire : des 1er et 3e régiments.
Cavalerie divisionnaire :
1e Brigade :
1er rég. de cuir. (Prince Charles). — 2e rég. (Prince Adalbert).
3e régiment de chevaux-légers.

2e Division :
Lieut.-général
Cte Pappenheim.

3e Brigade d'infanterie : Général-major SCHUHMACHER.
3e rég. d'infant. (Prince Charles de Bavière).
12e rég. d'inf. (Roi Othon de Grèce).
1er bataillon de chasseurs.
4e Brigade d'infanterie : Général-major STRAUB.
10e régiment d'infant. (Prince Louis).
13e régiment d'infant. (Empereur François-Joseph d'Autriche).
7e bataillon de chasseurs.
Artillerie divisionnaire : des 1er et 3e régiments.
Cavalerie divisionnaire :
2e Brigade :
4e régiment de chevaux-légers (du Roi).
1er régiment de lanciers.

ARTILLERIE DE RÉSERVE.

Le restant des 1er et 3e régiments.
N.-B. — Les deux régiments comptent ensemble 16 batt. de camp.
Division du génie de campagne.

IIᵉ CORPS BAVAROIS (Würtzbourg).

Commandant : Général d'infanterie **Chev. de Hartmann.**
Chef d'état-major : Colonel DE HORN.
Commandant de l'artillerie : Général-major DE STEINSDORF.

3ᵉ Division :
Lieut.-général
de Walther.

5ᵉ *Brigade d'infanterie :* Général-major DE SCHLEICH.
6ᵉ rég. d'infant. (Roi Guillaume de Prusse).
7ᵉ régiment d'inf. Hohenhausen.
8ᵉ bataillon de chasseurs.
6ᵉ *Brigade d'infanterie :* Général-major Comte JONER.
14ᵉ rég. d'inf. (Hartmann). — 15ᵉ rég. d'inf. (Roi Jean de Saxe).
3ᵉ bataillon de chasseurs.
Artillerie divisionnaire : des 2ᵉ et 4ᵉ régiments.
Cavalerie divisionnaire :
3ᵉ Brigade : Général-major DE DIETZ.
1ᵉʳ régiment de chevaux-légers (Alexandre).
6ᵉ régiment de chevaux-légers (Constantin).
2ᵉ régiment de lanciers (du Roi).

4ᵉ Division :
Lieut.-général
C.ᵗᵉ de Bothmer.

7ᵉ *Brigade d'infanterie :* Général-major DE RIBAUPIERRE.
5ᵉ rég. d'inf. (Grand-Duc de Hesse). — 9ᵉ rég. d'inf. (Wrede).
6ᵉ et 10ᵉ bataillons de chasseurs.
8ᵉ *Brigade d'infanterie :* Général-major MAILINGER.
4ᵉ rég. d'inf. (Gumpenberg). — 8ᵉ rég. d'inf. (Pranckh).
5ᵉ bataillon de chasseurs.
Artillerie divisionnaire : des 2ᵉ et 4ᵉ régiments.
Cavalerie divisionnaire :
4ᵉ Brigade : Général-major DE TAUSCH.
2ᵉ régiment de chevaux-légers (Taxis).
5ᵉ régiment de chevaux-légers (Prince Othon).

ARTILLERIE DE RÉSERVE.

Le restant des 2ᵉ et 4ᵉ régiments.
N.-B. — Les deux régiments comptent ensemble 16 batt. de camp.
Division du génie de campagne.

(B. CORPS D'ARMÉE QUI NE FUT DIRIGÉ QUE DANS LA SUITE SUR LE THÉÂTRE DE LA GUERRE.)

VIᵉ CORPS (Silésie).

Commandant : Général de cavalerie **de Tümpling.**
Chef d'état-major : Colonel DE SALVIATI.
Commandant de l'artillerie : Général-major DE RAMM.

— 104 —

11e Division d'inf.:
Lieut.-général
de Gordon.
Chef d'état-major:
Maj. de Schkopp.
- *21e Brigade :* Général-major de Malachowski.
  1er rég. de gren. Sil. N° 10. — 1er rég. d'inf. Posen, N° 18.
- *22e Brigade :* Général-major d'Eckartsberg.
  Rég. de fus. Sil. N° 38. — 4e rég. d'infant. Basse-Silésie, N° 51.
- 2e bataillon de chasseurs, Silésie, N° 6.
- 4 batteries du rég. d'art. de camp. Silésie, N° 6.
- 2e régiment de dragons, Silésie, N° 8.

12e division d'inf.:
Lieut.-général
de Hoffmann.
Chef d'état-major:
Major Kessler.
- *23e Brigade :* Colonel Gündell.
  1er rég. d'inf. H.-Sil. N° 22. — 3e rég. N° 62.
- *24e Brigade :* Général-major de Fabeck II.
  2e rég. d'inf. H.-Sil. N° 23. — 4e régiment, N° 63.
- 4 batteries du rég. d'art. de camp. Silésie, N° 6.
- 3e régiment de dragons, Silésie, N° 15.

ARTILLERIE DE RÉSERVE DU CORPS.

4 batteries montées, 1 batt. à ch. du rég. d'art. de camp. Sil. N° 6.
Bataillon de pionniers, Silésie, N° 6.
Bataillon du train, Silésie, N° 6.

(C. Troupes qui passèrent le Rhin a Maxau).

A. DIVISION WURTEMBERGEOISE ([1]).

Commandant : Lieutenant-général prussien **de Werder.**
(Commandant supérieur des divisions wurtembergeoise et badoise).
Chef d'état-major : Lieutenant-colonel de Leszynski.

Commandant de la division : Lieutenant-général **d'Obernitz.**
Commandant de l'artillerie : Général-major de Beulwitz.

1e Brigade d'inf.:
Général-major
de Reitzenstein.
- 1er régiment d'infanterie (Reine Olga).
- 7e régiment d'infanterie.
- 2e bataillon de chasseurs.

2e Brigade d'inf.:
Général-major
de Starkloff.
- 2e, 4e et 5e régiments d'infanterie.
- 6e régiment d'infant. (Roi Guillaume).
- 3e bataillon de chasseurs.

3e Brigade d'inf.:
Colonel
de Hügel.
- 3e régiment d'infanterie.
- 8e régiment d'infanterie.
- 1er bataillon de chasseurs.

N.-B. — Les régiments sont de deux bataillons.

([1]) Combinée jusqu'après Woerth avec la division badoise.
(Note des T.)

Cavalerie division- / 1ᵉʳ régiment de cav. (Roi Charles).
naire : \ 2ᵉ régiment de cav. (Prince Frédéric).
Général-major } 3ᵉ régiment de cav. (Roi Guillaume).
C.ᵗᵉ Schüler. (4ᵉ régiment de cav. (Reine Olga).

Artillerie divisionnaire : Régiment d'artillerie de campagne.
Train divisionnaire.

B. DIVISION BADOISE.

Commandant : Lieutenant-général **de Beyer** (après lui **de Laroche**).
Commandant de l'artillerie : Général-major Comte Sponneck.

1ᵉ Brigade d'inf.: \ Régiment de gren. des gardes du corps.
Général-major } Régiment de gren. (Roi de Prusse).
de Degenfeld.

2ᵉ Brigade d'inf.: (3ᵉ régiment d'infanterie.
Command. vacant. (4ᵉ régiment d'inf. (Prince Guillaume).

3ᵉ Brigade d'inf.: (5ᵉ régiment d'infanterie.
Général-major } 6ᵉ régiment d'infanterie.
de Keller.

Caval. division.: 1ᵉʳ régiment de dragons gardes du corps.
Général-major 2ᵉ régiment de drag. (Margrave Maximilien).
de Laroche. 3ᵉ régiment de drag. (Prince Charles).

Artillerie divisionnaire : Régiment d'artillerie de campagne.
Division de pionniers.
Division du train.

ATTACHÉES A LA IIIᵉ ARMÉE.

2ᵉ Div. de caval.: / 3ᵉ *Brigade* : Général-major de Colomb.
Lieut.-général | Régiment de cuirassiers gardes du corps, N° 1.
C.ᵗᵉ de Stolberg- \ Régiment de lanciers, Silésie, N° 2.
Wernigerode. / 4ᵉ *Brigade* : Colonel de Barnekow.
Chef d'état-major: | Régiment de hussards gardes du corps, N° 1.
Cap. Kachler. | Régiment de hussards, Pom. N° 5 (de Blücher).
\ 2 batteries à cheval.

4ᵉ Div. de caval.: / 8ᵉ *Brigade* : Colonel de Hontheim.
Général de caval. | Régiment de cuirassiers, Pr. occ. N° 5.
S. A. R. le Prince \ Régiment de lanciers, Posen, N° 10.
Albrecht de < 9ᵉ *Brigade* : Colonel de Bernhardi.
Prusse. / Régiment de lanciers, Pr. occ. N° 1.
Chef d'état-major: | Régiment de lanciers Thuringe, N° 6.
Maj. de Versen. \ 2 batteries à cheval.

OBSERVATIONS.

1° Chacun des régiments d'artillerie de campagne fournissait une *division de colonnes* (parcs), composée de 5 colonnes de munitions pour l'artillerie, et 4 colonnes de munitions pour l'infanterie.

2° Le bataillon du train de chaque corps d'armée était, au moment de la mobilisation, réparti de la manière suivante, en subdivisions qui restaient attachées au corps :
- *a.* 5 colonnes ou convois de vivres, à 32 voitures.
- *b.* 1 colonne ou service de boulangerie de campagne de 5 voitures.
- *c.* 1 escadron-escorte du train, de 120 chevaux.
- *d.* Plusieurs ambulances avec compagnies de brancardiers. Chaque ambulance à 10 voitures.
- *e.* 1 dépôt de chevaux, à l'effectif de 170.
- *f.* 1 colonne de voitures de parc, s'augmentant à mesure des besoins, composée de 5 divisions, de 80 à 90 voitures chacune.

3° Les parcs de siége, qui furent successivement mobilisés pour faire le siége des forteresses françaises, furent tirées, pour l'armée de l'Allemagne du Nord, des 88 compagnies d'artillerie de place existantes.

TROUPES MOBILES
CHARGÉES DE LA DÉFENSE DES CÔTES.

Gouverneur général des côtes : Général d'infanterie **Vogel de Falkenstein**.
Chef d'état-major : Colonel DE VEIT.
Commandant de l'artillerie : Lieutenant-colonel RIPPENTROP.
Commandant du génie : Colonel DIETRICH.

Commandant des troupes :

Général d'infanterie **S. A. R. le grand-duc de Mecklembourg-Schwérin**.
Chef d'état-major : Lieutenant-colonel DE KRENSKI.
Commandant de l'artillerie : Lieutenant-colonel WIEBE.
Commandant du génie : Colonel BRAUN.

17ᵉ Division d'inf. : *33ᵉ Brigade :* Colonel DE KOTTWITZ.
Lieut.-général de Schimmelmann.
1ᵉʳ rég. d'inf. hanséatique, N° 75. — 2ᵉ régiment, N° 86.
34ᵉ Brigade : Colonel DE MANTEUFFEL.
Chef d'état-major : Rég. de gren. Meckl. N° 89. — Rég. de fus. Meckl. N° 90.
Major FISCHER. Bataillon de chass. Meckl. N° 14.

17ᵉ Brig. de cav.: Colonel DE RAUCH. (Attachée à la 17ᵉ Division d'inf.	1ᵉʳ régiment de dragons. Meckl. Nᵒ 17. 2ᵉ régiment de dragons. Meckl. Nᵒ 18. 2ᵉ régiment de lanciers. Brandeb. Nᵒ 11.

1ᵉ et 3ᵉ batt. à ch. et 3ᵉ division d'art. montée. Mecklemb.
A Sonderbourg : 1ᵉʳ régiment d'inf. Prov. Rh. nᵒ 25.

Div. de landwehr de la garde : Lieut.-général **de Loen.** Chef d'état major: Cap. HERWÆTH DE BITTENFELD.	1ᵉ *Brigade* : Colonel DE GAUDI. 1ᵉʳ et 2ᵉ régiments de landwehr de la garde. 2ᵉ *Brigade* : Colonel DE RŒHL. 1ᵉʳ et 2ᵉ régiments de gren. de landwehr de la garde.
1ᵉ Div. de landwehr (Poméranie) : Général-major **de Treskow.** Chef d'état-major: DE SCHLITZENDORFF	1ᵉ *Brigade* : Colonel DE BUDDENBROCK. 1ᵉʳ rég. combiné (Gnesen. Schneidemühl. Conitz). 2ᵉ rég. combiné (Inowraclaw. Bromberg. Deutsch-Crone). (Ces rég. sont formés des bat. des 14ᵉ, 21ᵉ et 54ᵉ rég. de landw.) 2ᵉ *Brigade* : Général-major D'AVEMANN. 3ᵉ rég. comb. (Stendal. Burg. Neustadt). 4ᵉ rég. comb. (Halberstadt. Neu-Haldensleben. Pr. Stargardt). (Ces rég. sont formés des bat. des 26ᵉ, 61ᵉ et 66ᵉ rég. de landw.) 1ᵉ Brigade de cavalerie de réserve.
2ᵉ Div. de landwehr (Brandebourg) : Général-major **de Selchow.** Chef d'état-major: Capitaine Cap. RICHTER.	1ᵉ *Brigade* : Colonel D'ARNOLDI. 1ᵉʳ rég. comb. (Francfort. Custrin. Landsberg. Woldenberg). (Formé des bat. des 8ᵉ et 48ᵉ régiments de landwehr). 2ᵉ rég. comb. (Crossen. Sorau. Lubben. Cottbus). (Formé des bat. des 12ᵉ et 52ᵉ régiments de landwehr). 2ᵉ *Brigade* : Colonel RANISCH. 3ᵉ rég. comb. Potsdam. Juterbog. Neustadt-Eberswald. Teltow). (Formé des bat. des 20ᵉ et 60ᵉ régiments de landwehr). 4ᵉ rég. comb. Brandebourg. Havelberg. Ruppin. Prenzlau). (Formé des bat. des 24ᵉ et 64ᵉ régiments de landwehr). 1ᵉʳ régiment de grosse cavalerie de réserve. 1ʳᵉ et 2ᵉ batteries légères de réserve } du Xᵉ corps. 1ʳᵉ batterie à pied de réserve

DISPONIBLE :

3ᵉ Div. de landwehr (Posen et Basse-Silésie) : Lieut.-général **Schuler de Senden.**	*Brigade de la Prusse occid* : Général-major DE RUVILLE. Rég. comb. Pr. occ. (Görlitz. Muskau. Posen). Rég. comb. Bas-Sil. (Sprottau. Freistadt. Samter). (Ces rég. sont formés des bat. des 6ᵉ, 18ᵉ et 48ᵉ rég. de landw.) *Brigade de Posen* : Colonel DE GILSA. 1ᵉʳ rég. comb. (Neustadt s. i. W.. Schrimm. Rawicz). 2ᵉ rég. comb. (Neutomyis. Kosten. Ostrowo). (Ces rég. sont formés des bat. des 19ᵉ, 38ᵉ et 50ᵉ rég. de landw.)

2e Brigade de cav. de réserve.
{ 1er régiment de dragons de réserve.
3e régiment de hussards de réserve.
2e régiment de grosse cavalerie.
5e régiment de lanciers de réserve. }

6 batteries de réserve des 5e et 11e régiments d'artillerie.

OBSERVATIONS.

1º Les bataillons de landwehr qui ne sont pas compris dans ce tableau, furent employés comme bataillons de garnison (également à 802 hommes), et servirent à former plus tard de nouveaux corps d'armée mobiles.

2º Les régiments d'infanterie de l'armée active non compris dans l'ordre de bataille ci-dessus (Nos 19, 25, 30, 34, 60, 67, 72 et 81), furent laissés comme réserves mobiles, dans certaines places fortes, et dirigés également par la suite sur le théâtre de la guerre.

3º Chacun des régiments d'infanterie était de 3 bataillons à 1,002 hommes.

Chaque régiment de cavalerie comptait 4 escadrons à 150 chevaux.

Les batteries étaient de 6 pièces.

Les bataillons de pionniers, du train et de chasseurs étaient forts de 1002 hommes.

4º Les troupes de remplacement étaient distribuées comme suit :

Pour chacun des régiments d'infanterie, un bataillon fort de 1,002 hommes, mais qui, dans la plupart des régiments, s'éleva à 2,000, à cause du grand nombre de volontaires qui s'enrôlaient.

Pour chacun des régiments de cavalerie, un escadron qui resta en Allemagne; ces escadrons s'élevèrent également au-dessus de l'effectif déterminé.

Pour chacun des régiments d'artillerie de campagne, une division.

Une compagnie par bataillon de chasseurs et de pionniers.

Enfin, une division pour chacun des bataillons du train.

5º Le département de la guerre et l'état-major général étaient dérigés, à Berlin, par un ministre et un chef d'état-major intérimaires.

Des gouverneurs généraux furent nommés pour toutes les provinces. Outre le gouvernement général des côtes, il y eut un gouverneur général par deux provinces prussiennes; ce fonctionnaire était en droit, suivant les circonstances, de donner aux autorités civiles des ordres selon les besoins créés par la marche des événements.

La Saxe et les Etats du Sud conservèrent leurs propres gouverneurs; par contre, la partie de la Hesse-Darmstadt qui n'appartenait pas à la Confédération du Nord, fut placée, comme les autres Etats de la Confédération, sous l'autorité d'un gouverneur général prussien.

La circonscription territoriale de chaque corps d'armée reçut un commandant-général suppléant, sous les ordres duquel furent placées toutes les troupes qui y étaient stationnées.

Dans chacun des arrondissements de recrutement où la brigade d'infanterie de l'armée active était mobilisée, celle-ci était remplacée par une brigade d'infanterie composée : des bataillons de garnison de l'arrondissement qui n'avaient pas été compris dans d'autres formations, des bataillons de remplacement de la brigade mobilisée, enfin, des bataillons de landwehr des cercles de l'arrondissement (¹).

Les escadrons de remplacement reçurent des inspecteurs.

Il fut formé pour le corps de la garde : Un commandement des troupes non mobiles du corps; un commandement des troupes non mobiles de l'infanterie; une inspection de la cavalerie non mobile.

Des inspecteurs furent nommés pour les armes spéciales, en remplacement de ceux qui faisaient partie de l'armée de campagne.

Des médecins généraux, des intendants provinciaux et des auditeurs furent nommés comme suppléants, pour remplir les fonctions des titulaires appartenant aux corps mobilisés.

6º Les officiers et les troupes de la cavalerie de landwehr, ainsi que les officiers et les troupes de réserve au-dessus du complet des anciennes provinces prussiennes, formèrent des régiments de cavalerie de réserve, dont quelques-uns furent répartis entre les divisions de landwehr qui étaient déjà organisées ; les autres restèrent dans le pays en qualité de troupes de garnison, et ne parurent sur le théâtre de la guerre que lorsqu'ils furent incorporés dans de nouvelles formations (²).

Trois batteries de place attelées (batteries de sorties) qui furent également mobilisées en partie, figuraient sur les contrôles de chaque corps d'armée.

7º Les forteresses rhénanes, les places maritimes, ainsi que les ports fortifiés, furent immédiatement armés d'une façon complète.

Le grand nombre des bataillons de garnison restés en Allemagne, et la force des bataillons de remplacement permirent, non-seulement d'assurer complétement le service dans toutes les forteresses allemandes, mais encore de donner des garnisons à plusieurs villes ouvertes.

(¹) Ces derniers remplacèrent par la suite les bataillons de garnison.
(²) La 4ᵉ division de réserve, le détachement du général de Dobschütz et quelques autres petits détachements.

Les batteries de place attelées (batteries de sorties) des forteresses qui ne se trouvaient pas sur le théâtre de la guerre, furent mobilisées lorsque s'organisèrent de nouvelles formations.

Les compagnies d'artillerie de place devaient se tenir prêtes à être mobilisées, car presque toutes furent bientôt appelées sur le théâtre des opérations, afin de concourir au siége des forteresses françaises.

Pendant toute la durée de la campagne, la fonderie de canons de Spandau travailla, avec une activité extrême, à couler des pièces de siége d'un modèle tout nouveau et d'un calibre extraordinaire, qui, à mesure qu'elles s'achevaient, étaient dirigées vers les places assiégées.

8° On trouvera dans les annexes la composition du grand quartier général du roi, les noms des commandants de tous les régiments qui prirent part à la campagne, de ceux des régiments de garnison de la landwehr et des troupes de remplacement de l'Allemagne, d'après leurs emplacements primitifs.

VIII.

Premières opérations.

Dès les premiers mouvements qui furent effectués de part et d'autre, une grande disparité s'observa dans la stratégie des deux belligérants.

Pendant que les confins de notre territoire n'étaient surveillés que par des détachements relativement faibles, afin de ne pas nuire à l'exécution méthodique du plan de mobilisation de notre armée, la France, dans l'intention de prendre l'offensive, avait commencé par jeter à la frontière les corps mobiles qui s'exerçaient dans les camps, et précipita ensuite autant que possible, l'organisation de tous les autres corps qu'elle avait à mettre sur pied. Bientôt ceux-ci furent également dirigés vers le théâtre de la guerre, et répartis comme nous l'avons indiqué dans nos précédents chapitres.

Il s'ensuit que la France possédait déjà à la frontière des forces considérables, tandis que l'armée allemande n'y avait établi qu'un simple cordon d'avant-postes, sans soutiens importants, lequel fut suffisant toutefois pour écarter provisoirement l'ennemi et l'observer. Il est évident que ces avant-postes n'étaient pas en état de résister à une attaque sérieuse; aussi n'avaient-ils pour mission que de donner le change à l'adversaire, d'entraver ses marches, en un mot, de l'occuper, jusqu'à ce que la concentration des troupes allemandes fût entièrement terminée d'après les plans préparés à cet effet.

Le but fut complétement atteint, ce qui permit, non-seulement de mobiliser chacun des corps dans sa circonscription, mais encore de les diriger sans encombre par chemin de fer vers l'ouest.

La combinaison d'après laquelle la concentration devait s'effectuer, quelque compliquée qu'elle fût, ne subit aucune modification, et resta la base solide sur laquelle s'éleva l'édifice de la disposition stratégique des forces allemandes.

D'ailleurs, le moyen le plus sûr d'opérer avec toute la rapidité désirable, était de se conformer rigoureusement aux prescriptions du plan adopté.

Pendant la nuit du 15 au 16 juillet, l'ordre de mobilisation fut transmis à l'armée allemande tout entière. Dix-huit jours après, il était exécuté, et nos troupes se trouvaient, non-seulement rassemblées sur le théâtre de la guerre (c'est-à-dire autant que le prescrivaient les instructions données), mais elles avaient déjà fait subir à l'ennemi un premier échec.

Ainsi que nos chefs l'avaient prévu, les forces jetées tout d'abord à la frontière par l'armée française, ne lui furent d'aucune utilité.

Indépendamment de la grande circonspection que commandait à Napoléon le concours inopiné que nous apportaient les armées du Sud, son conseil de guerre devait hésiter également, et avec raison, à prendre l'offensive avec les corps incomplets qui avaient été réunis. Cette tactique aurait eu pour conséquence de nuire à l'ensemble de l'organisation stratégique, qui, d'ailleurs, ne s'était pas faite sans tiraillements.

L'incursion de quelques corps isolés sur la rive gauche du Rhin allemand, n'aurait eu pour résultat que l'occupation de Trèves, ville ouverte, et l'investissement momentané de Sarrelouis. Les Français eussent pu également passer le fleuve près de Strasbourg, mais en affaiblissant alors d'une manière sensible l'offensive que la France croyait toujours pouvoir diriger contre le Rhin moyen.

L'empereur crut donc devoir attendre jusqu'au 2 août — jour où la concentration de ses forces devait être terminée — avant de tenter, contre une ville allemande, avec le *IIe corps (Frossard)*, déjà prêt depuis quelque temps, une démonstration à laquelle il eût voulu donner le caractère d'une offensive réelle.

Mais à ce moment, nos I^e et IIe armées avaient déjà quitté leur base d'opérations, et se portaient vers la frontière suivant la direction indiquée par notre plan de campagne.

Il n'est pas possible de préjuger quelles eussent été les conséquences d'une rencontre entre les colonnes prussiennes et les troupes impériales, dans le cas où celles-ci auraient persisté dans l'offensive. Les colonnes ennemies n'avaient point à leur disposition des routes favorables, qui leur eussent permis de marcher en convergeant sur un point stratégique important situé en avant de notre front.

En présence de la ténacité dont les troupes allemandes firent preuve à Sarrebruck, les commandants de l'armée française jugèrent prudent de ne pas dépasser cette localité, et de s'en tenir à la simple comédie qui les autorisait du moins à annoncer à Paris un combat victorieux, auquel avaient assisté l'empereur et son fils.

Toutefois, si l'armée allemande n'avait pas réussi à dérober ses mouvements à l'ennemi, et si le général Frossard avait su qu'il n'avait eu affaire qu'aux avant-postes dont nous avons parlé, il est certain qu'il eût poussé plus loin.

En somme, le combat n'eut pas une importance plus grande que les autres escarmouches qui s'étaient livrées entre les troupes françaises et nos avant-postes.

Ces petites rencontres ne pouvaient encore faire présumer quelle serait la marche des opérations proprement dites.

Cependant, si d'une part ces engagements partiels faisaient ressortir l'habileté des troupes allemandes dans la petite guerre, de l'autre nous commencions aussi à rabattre de la supériorité du chassepot — et les Français ne se doutaient pas encore de l'impétuosité avec laquelle nos soldats s'élançaient au feu.

Après ce coup d'œil général sur les préliminaires de la guerre, revenons au détail.

Outre la forteresse de *Sarrelouis*, qui avait été rapidement armée et mise en état de défense, la ville frontière de *Sarrebruck*, qui sépare le réseau des chemins de fer français de celui de l'Allemagne, et qui possède deux ponts sur la Sarre, devait être prise en considération spéciale dans la répartition des troupes chargées d'observer la frontière. Cependant, le régiment de fusiliers de Hohenzollern, N° 40, en garnison à Trèves et Sarrelouis, et le régiment de lanciers du Rhin, N° 17, qui occupait Sarrebruck même, réunis sous les ordres du commandant de ce dernier régiment, le lieutenant-colonel *de Petzel*, furent jugés suffisants pour surveiller ce rayon.

Pendant que les avant-postes escarmouchaient à la frontière, dans les derniers jours de juillet, un parti de cavaliers déterminés, conduits par un officier d'état-major wurtembergeois, le comte *de Zepelin*, accompagné de deux lieutenants de dragons badois, franchit le Rhin et poussa jusqu'au défilé de *Niederbronn*, en Alsace.

Les journaux parisiens raillèrent cet acte de témérité dont ils ne comprirent pas le but, et qui coûta la vie à deux de ces braves officiers.

Voici le motif de cette audacieuse entreprise : Du côté de Sarrebruck nous avions toute facilité pour recueillir des informations sur les intentions et la force des troupes françaises ; près de Sarreguemines et de Wissembourg, de fortes patrouilles dépassaient nos limites pour reconnaître la direction du front de l'ennemi ; mais au-delà, les rares avant-postes qui occupaient la frontière sur une étendue de quelques milles au plus, étaient insuffisants pour se renseigner sur la position de son aile droite. Or, il entrait dans nos projets d'attaquer cette aile en premier lieu, et il nous fallait à tout prix des informations précises.

Il s'agissait donc de savoir si les troupes françaises qui occupaient l'Alsace, ne se préparaient pas à franchir le Rhin.

Lorsqu'on ne peut ou ne veut employer, pour aller à la découverte, de forts détachements qui seraient évidemment forcés de combattre, quelques intrépides officiers de cavalerie conviennent parfaitement pour ce service. Montant des chevaux choisis à cet effet, ils parcourent avec la plus grande rapidité, le territoire ennemi qu'ils sont chargés d'explorer, et pourront fournir bien plus de renseignements que n'importe quelle autre reconnaissance.

Le seul officier qui revint de l'expédition dont il s'agit, put ainsi rendre compte de ce qui se passait dans les parties les plus reculées du terrain occupé par les troupes françaises, ce que certainement une colonne, plus difficile à dérober et à mouvoir, n'aurait pu découvrir.

Avant de nous étendre sur l'exécution du plan exposé

dans le chapitre précédent, nous nous occuperons des mouvements effectués par les corps de l'armée impériale.

24 juillet. Le 24 juillet, cinq de ces corps paraissaient être établis dans leurs emplacements, car les premières escarmouches eurent lieu ce jour-là, et les points principaux entre *Sierck* et *Strasbourg*, sur une étendue de 20 milles, étaient occupés par les masses ennemies.

Le *corps de la garde* se trouvait à *Nancy*, qu'il quitta le même jour pour se rendre à *Metz*, partie à pied, partie par chemin de fer. De plus, il existait encore un camp français au sud de Strasbourg (entre *Belfort* et *Mulhouse*), à proximité de la frontière, mais fort loin du centre. C'était le *VIIe Corps*, sous les ordres du général Douay (Félix), qui, à cause de la grande distance qu'il eut à parcourir, ne put assister plus tard qu'avec une seule division aux premiers engagements.

A l'*aile droite* se trouvait le *corps Mac-Mahon*, occupant *Strasbourg* et ses environs, avec quelques troupes détachées vers le nord de l'Alsace.

Le *corps de Failly*, qui de *Bitche* observait la route de Deux-Ponts, joignait le précédent.

Au *centre*, le *corps Frossard* observait, de *St-Avold*, le rayon de la Sarre, principalement Sarrebruck et Sarreguemines, et jetait des ponts sur la rivière, entre ces deux points, à hauteur du village d'Auerbach. Derrière ce corps se trouvait, au 24 juillet, celui de *Bazaine*, qui avait été porté de Metz à *Bouzonville* et *Boulay* (contre Sarrelouis).

Le *corps Ladmirault* qui, vers la même époque, se porta partiellement de Thionville à *Sierk*, formait l'*aile gauche*.

Nous voyons que jusqu'au 2 août, les troupes françaises, dont les chefs menaient les opérations avec la plus grande prudence, ne dépassèrent pas la frontière allemande.

L'empereur trouvant la garde impériale et le corps Canrobert trop à l'écart, les avait fait diriger, par parties successives, la première de Nancy, le second de *Châlons* sur *Metz*.

Napoléon quitta Paris le 28 juillet pour se rendre à Metz, d'où il lança une proclamation à l'armée du Rhin. Malgré l'éloquence entraînante de cette proclamation, les hésitations, les tâtonnements de son auteur vinrent fortement contrarier les vues des maréchaux. 28 juillet.

Napoléon, qui temporisait depuis longtemps, craignit de donner trop tôt le signal attendu par tous, principalement par Mac-Mahon, qui ne demandait qu'à marcher.

Il n'est plus douteux aujourd'hui que ce dernier, dont les communications avec le centre étaient loin d'être parfaitement assurées, voulait se porter en avant avec les Ier, V^e et VIIe corps, et opérer sur le territoire allemand sa jonction avec le maréchal Le Bœuf (et l'empereur).

Ne pouvant exécuter le plan qu'il avait conçu, Mac-Mahon dut songer à se rapprocher du centre en appuyant fortement à gauche. Ce mouvement commençait, lorsque tout-à-coup le canon se fit entendre à Wissembourg.

Pendant les jours qui suivirent un conseil de guerre pour lequel Mac-Mahon s'était rendu à Metz, les corps français qui se trouvaient en première ligne, se rassemblèrent davantage.

S'appuyant au chemin de fer de Metz, leur centre se trouvait dans la direction qui lui ouvrait à la fois la ligne de retraite la plus courte sur cette place, et la ligne d'opérations la plus directe sur *Coblence*.

Mac-Mahon était chargé de couvrir l'armée, soit défensivement, soit offensivement, selon les circonstances.

Entretemps, l'armée allemande se dirigeait vers la frontière dans l'ordre suivant :

Pendant la dernière semaine de juillet, *l'aile droite* — *I^e armée (Steinmetz)* — se porta en fortes colonnes et à pied, par les routes indiquées dans le chapitre précédent, de *Coblence* vers le rayon de la Sarre, près de *Sarrebruck* et *Sarrelouis*. Le *corps de Westphalie*, sous les ordres du général *de Zastrow*, flanquait l'armée à droite ; le *corps du Rhin*, commandé par le général *de Göben*, le couvrait à gauche.

Le *corps de la Prusse orientale*, sous le commandement du général *de Manteuffel*, avait quitté Berlin par chemin de fer, et s'était rassemblé à *Cologne*. Le 1er août, la 1e division se mit en marche, et le corps entier eut bientôt rejoint le gros de l'armée.

Le *centre* — *IIe armée (prince Frédéric-Charles)* — se porta successivement, par forts détachements et par chemin de fer, de l'intérieur de l'Allemagne du Nord à *Bingen* (Bingerbrück) et *Mayence*, d'où une partie de l'armée devait suivre à pied les routes que nous avons indiquées ; le chemin de fer servit au transport total ou partiel de l'autre partie, notamment des colonnes qui se rendaient de Bingen à *Neukirchen*, et de Mayence à *Kaiserslautern* et *Hombourg*.

Le *corps de Brandebourg*, sous le commandement du général *d'Alvensleben II*, fut suivi de cette façon par le *corps du Hanovre*, sous les ordres du général *de Voigts-Rhetz*, et celui-ci par le *corps de Magdebourg-Thuringe*, commandé par le général *d'Alvensleben I*.

Le *corps de Schleswig-Holstein et Hesse-Darmstadt*, général *de Manstein*, suivi du *corps de Saxe*, commandé par le *prince Albert*, et de celui de *la garde*, sous les ordres du *prince Auguste de Wurtemberg*, se portèrent de *Mayence*, où le prince Frédéric-Charles avait dès le principe établi son quartier général, vers le rayon de la Sarre.

Le *corps de Poméranie*, commandé par le général *de Fransecki*, se trouvait encore à *Berlin*.

Le prince Frédéric-Charles se rendit le 31 juillet de Mayence à *Alzey*, avec son état-major. 31 juillet.

Le 1er août, chaque armée, chaque corps occupait l'emplacement qui lui avait été assigné pour ce jour-là. A l'arrivée du roi, les rapports de tous les commandants d'armée annonçaient l'exécution complète des instructions qu'il avait données.

Les *divisions de cavalerie* se trouvaient partie à la tête, partie à la queue des colonnes de marche.

Le commandant de *l'aile gauche* — IIIe armée *(prince royal de Prusse)* — avait été d'abord investi du commandement supérieur des troupes du Sud à Munich, Stuttgard et Carlsruhe, afin de saluer les souverains et les peuples de l'Allemagne, dont les armées allaient se trouver sous ses ordres pendant la lutte gigantesque qui se préparait. Un enthousiasme plein de confiance éclatait partout sur le passage du prince.

Une partie des colonnes de son armée fut transportée par chemin de fer à *Manheim*, point de départ des opérations ; les autres se réunirent près de *Carlsruhe* et de *Rastadt*, où un faible cordon d'avant-postes observait les frontières de la Bavière Rhénane et du grand-duché de Bade.

Une des piles du pont qui relie les deux rives du Rhin, à Kehl, fut détruite.

Le 1er août, le prince royal se rendit avec son état-major à *Anweiler*, pendant que les avant-postes, renforcés de troupes prussiennes et bavaroises, poussaient une reconnaissance de *Pirmasens* sur *Bitche*. Cette place était inoccupée, et ce ne fut qu'à *Stürtzelbronn* que les Allemands se rencontrèrent avec les avant-postes français. 1er août.

Le *corps de Basse-Silésie et Posen*, général *de Kirchbach* et le *corps de Hesse*, général *de Boze*, furent dirigés sur la forteresse de *Landau*; les deux *corps de Bavière*, commandés par les généraux *von der Tann* et *de Hartmann*, se portèrent par Spire sur *Germersheim*.

Les *divisions wurtembergeoise* et *badoise* devaient rester en deçà du Rhin, jusqu'à ce que les autres corps se fussent avancés jusqu'à la Lauter. Leurs avant-gardes seules avaient pénétré dans la Bavière Rhénane.

Les escarmouches entre les avant-postes s'étaient succédées d'une façon continue, sans que les Français eussent à enregistrer le moindre succès. Il est vrai que les forces qu'ils avaient disposées le long de la frontière étaient fort éparses, et que d'ailleurs, ainsi que nous l'avons dit, ils évitaient avec soin tout engagement sérieux.

Les petites rencontres du 27 juillet près de *Ludweiler*, du 28 près de *Backhofen* (Wissembourg), du 29 près de *Gersweiler*, et du 30 près de *Sarrebruck*, ne furent d'aucune importance. Cette dernière, suite d'une attaque un peu plus prononcée des Français contre le champ de manœuvres, que nous occupions, ne leur réussit pas davantage. Les Allemands n'eurent que 4 hommes blessés; l'ennemi essuya des pertes relativement considérables, ce qui tendait à prouver que le tir du chassepot manquait de précision aux petites distances. Quant à sa justesse aux grandes distances, nous n'avions pas encore eu l'occasion d'en éprouver les effets.

1ᵉʳ août, après-midi.

Dans l'après-midi du 1ᵉʳ août, le roi Guillaume, accompagné par la reine jusqu'à la gare du chemin de fer d'Anhalt, quittait Berlin après avoir été chaleureusement acclamé sur son passage par la population entière, confiante et résignée. Le même accueil l'attendait à chaque station. Le soir du 2 août il fit son entrée à *Mayence* et se rendit à son quartier général au milieu de l'enthousiasme indescriptible de la foule.

2 août, soir.

Pendant la nuit, il reçut les rapports des différentes armées.

Indépendamment des personnages éminents cités dans l'ordre de bataille (grand quartier général), le roi était accompagné de son frère, S. A. R. *le prince Charles*, père du commandant de la IIe armée, qui, lui aussi, malgré son grand âge, s'était décidé à prendre encore sa part des fatigues et des dangers de la guerre, en qualité de chef de l'artillerie; le comte *de Bismarck* suivait également le commandant en chef.

Nous signalerons en temps et lieu, dans le cours de notre récit, divers autres souverains et princes qui prirent une part active à la campagne.

La *IIIe armée* avait reçu l'ordre de marcher immédiatement à l'ennemi, et de forcer le passage au travers de l'Alsace. Le terme fixé par le plan de campagne aux premières opérations de la I^e et de la IIe armée, était moins rapproché; ces opérations devraient avoir pour résultat de culbuter les lignes ennemies dans le nord (après avoir franchi la Sarre), et de couper, si possible, leurs communications avec le sud.

La IIIe armée, se trouvant au 1er août plus près de la frontière que les deux autres, fit faire, par ses avant-gardes, de fortes reconnaissances qui poussèrent plus avant dans le pays ennemi.

C'est ainsi que, ce même jour, des dragons badois pénétrèrent dans l'Alsace près de Lauterbach, et tombèrent à *Seltz*, sur des chasseurs français.

Le lendemain, des hussards prussiens et des chevaux-légers bavarois rencontrèrent également de la cavalerie française au-delà de la Lauter, mais ils ne virent rien de plus.

Le prince royal arriva à *Spire* le même jour, et inspecta les troupes badoises qui y passaient pour aller à Germersheim.

Enfin, ce fut aussi le 2 août que les commandants de l'armée française, jugeant le moment propice, résolurent de tenter une reconnaissance sur une échelle plus grande : Le général *Frossard* reçut l'ordre d'attaquer la position de *Sarrebruck*, que l'on croyait occupée par des troupes nombreuses.

<small>2 août, 11 heures du matin.</small> Près de trois divisions, avec 23 pièces d'artillerie, attaquèrent, à 11 heures du matin, le faible détachement commandé par le lieutenant-colonel *de Petzel*.

Celui-ci abandonna la hauteur du champ de manœuvres à midi, et ce ne fut qu'à 2 heures qu'il évacua la ville, se retirant devant une partie du 11e corps, commandée par le général Frossard lui-même; l'empereur assistait à l'action.

Les Prussiens perdirent 2 officiers et 70 hommes; les pertes de l'ennemi étaient bien plus importantes.

Les nôtres avaient opposé une résistance tellement énergique, malgré l'immense infériorité du nombre, que les Français, même après le combat, crurent encore avoir eu affaire, non pas à trois compagnies, mais à des bataillons entiers.

Le même jour, un fort détachement d'infanterie du *corps de Failly* franchit la Sarre près de *Reinheim*, à 1 ¼ mille de Sarreguemines, et ouvrit, à une grande distance, un feu violent mais inefficace sur nos avant-postes et de petites patrouilles qu'il rencontra; il se retira ensuite au-delà de la frontière.

OBSERVATIONS.

Nous croyons utile de placer ici quelques mots sur les relations de la guerre de 1870, émanant d'écrivains français.

A part quelques détails nouveaux et une critique très-sévère de la conduite des chefs, elles ne font que confirmer les faits déjà connus.

Les auteurs de ces ouvrages paraissent tous être bien renseignés, et pourtant le meilleur d'entre eux reconnaît que rien de positif n'a transpiré quant au plan de campagne de l'empereur. Cette relation, intitulée : « *La campagne de 1870 jusqu'au 1er septembre, par un officier d'état-major de l'armée du Rhin. Bruxelles. Rosez,* » indique comment, d'après les circonstances, le plan d'opérations de l'armée française aurait dû être conçu ; mais il dit aussi que celui de l'empereur a été tenu tellement secret qu'encore aujourd'hui il est inconnu, et qu'après les événements qui se sont produits, les auteurs ne se sont guère empressés de le publier.

Comme preuve que le plan de campagne était *offensif,* l'auteur cite le fait qu'une quantité énorme de cartes et de renseignements spéciaux sur l'Allemagne avaient été envoyés aux divers états-majors, tandis qu'il y avait absence complète de toute espèce de carte de France.

D'autre part, il résulte également des révélations contenues dans ces publications, que le gouvernement impérial, s'appuyant sur les affirmations des agents diplomatiques, croyait fermement à la neutralité, sinon au concours des États du Sud ; nous pouvons conclure de là que les corps français avaient été dispersés à la frontière, non pour répondre aux vues d'une attitude défensive, mais bien dans le but d'effectuer la concentration des forces sur le territoire allemand.

D'après des renseignements puisés aux mêmes sources, l'armée du Rhin fut divisée en deux parties, dont l'une prit la dénomination d'*armée de Metz,* l'autre celle d'*armée de Châlons.* La première comprenait les corps commandés d'abord par l'empereur, ensuite par le maréchal Bazaine ; ceux que commandait Mac-Mahon, à l'exception du XIIe (Lebrun), formèrent la seconde.

Ce dernier corps ne pouvait être compté dans l'armée de Châlons, attendu qu'au début de la guerre, il était encore compris dans les troupes d'instruction.

IX.

Positions respectives des armées après la prise de Sarrebruck; combat de Wissembourg.

<small>2 août soir.</small> L'empereur Napoléon était retourné à Metz le soir même du 2 août; ce brusque départ pouvait être une feinte, et cacher de nouveaux desseins. Quoi qu'il en soit, le général Frossard ne fit point poursuivre les Allemands, et se contenta de jeter quelques milliers d'hommes dans la ville.

La nouvelle de l'approche de nos Ie et IIe armées enraya l'offensive de nos adversaires, qui, nous le répétons, était loin d'être fermement résolue. Les Français étaient fort satisfaits du succès de cette reconnaissance, mais ils furent bientôt convaincus que la ville de *Sarrebruck*, si ardemment convoitée, ne leur offrait pas de positions assez avantageuses pour que l'armée pût y attendre le choc de l'ennemi. Le général Frossard se retira bientôt sur les hauteurs en arrière de la ville, d'où il fit bombarder la station de *St-Jean*.

A peine les troupes françaises eurent-elles disparu, que les communications télégraphiques entre Sarrebruck et Sarrelouis furent rétablies; mais le détachement *de Petzel* ne reparut point.

Les colonnes de la Ie et de la IIe armée, qui se dirigeaient en hâte vers la Sarre, parvenaient encore à dérober leurs mouvements, en se couvrant de la cavalerie, que nous étions informés déjà que l'ennemi se retranchait sur les hauteurs entre *Forbach* et *Sarrebruck*.

Le 3 août, le prince Frédéric-Charles transféra son quartier général à *Kirchheim-Bolanden*, et le lendemain à *Winweiler*, dans le Palatinat. Le grand quartier général se trouvait encore à Mayence.

3 août.

Le général de Steinmetz avait quitté Coblence pour suivre son corps.

Le prince royal de Prusse arriva le 3 août à *Landau*, après avoir quitté Spire à 4 heures du matin, accompagné de son chef d'état-major, le lieutenant-général *de Blumenthal*. Le prince inspecta immédiatement les corps prussiens (V^e et XIe) qui campaient en cet endroit, et fut accueilli par les acclamations les plus enthousiastes. Le soir, il réunit un conseil de guerre, dans lequel furent discutées jusqu'aux moindres dispositions à prendre pour attaquer l'ennemi.

Pendant que les deux corps prussiens s'étaient concentrés à *Landau*, les deux corps bavarois avaient atteint *Germersheim*, de sorte qu'il se trouvait sur la *Queich*, quatre corps d'armée prêts à entrer en ligne.

Les gros des troupes wurthembergeoises et badoises, rassemblés près de *Maxau* (station de chemin de fer sur la rive droite du Rhin, à 1 $^1/_3$ mille de Carlsruhe), se tenaient prêts à franchir le fleuve aussitôt qu'ils en recevraient l'ordre.

Jusqu'alors, les reconnaissances n'avaient signalé aucun indice faisant présumer une occupation sérieuse de la Lauter, qui, depuis le versant des Vosges jusqu'au Rhin, sépare l'Alsace de la Bavière Rhénane; cependant, des troupes pouvaient y être arrivées depuis.

Les grand'routes seules pouvaient servir pour passer de

l'Allemagne en France, par-dessus la Lauter, car les sentiers à peine frayés à travers les montagnes, à l'ouest de Wissembourg, étaient impraticables pour les opérations militaires.

Afin de parer à toute éventualité, les commandants de l'armée allemande résolurent de porter simultanément tous leurs efforts sur la position de *Wissembourg-Lauterbourg*, et de l'occuper fortement. Le voisinage de l'ennemi nous empêcha d'utiliser le chemin de fer, du reste en partie détruit; indépendamment d'un grand nombre de chemins vicinaux, les grand'routes suivantes étaient particulièrement avantageuses pour l'exécution de cette opération :

1º La route de *Landau* à *Wissembourg* par Bergzabern;

2º La route de *Landau* à *Wissembourg* par le Bienwald;

3º La route de *Germersheim* à *Wissembourg*.

4º La route qui, après avoir traversé le Rhin, passe par Hagenbach en longeant la lisière orientale du Bienwald, et conduit à *Lauterbourg*.

Le *Bienwald*, bois de haute-futaie très-épais, d'une superficie de quelques milles carrés, est borné au nord, à une certaine distance, par le chemin de fer de Carlsruhe, à l'ouest par celui de Wissembourg, à l'est par la basse plaine qui s'étend jusqu'au Rhin, enfin, au sud par la Lauter.

Voulions-nous employer la grand'route qui mène à *Wissembourg* en longeant le pied des dernières côtes de la Haardt, le Bienwald devait servir encore à dérober les masses qui se porteraient sur la Lauter. Nous verrons par la suite que nos chefs ont tiré grand parti de cette circonstance avantageuse. Une forte colonne suivant la grand'route, protégeait notre marche contre toute attaque de flanc sur notre droite, déjà couverte par les montagnes; le Rhin garantissait suffisamment notre gauche.

Après s'être déterminé à marcher sur la Lauter avec toute son armée, à faire franchir la rivière par ses avant-gardes et à les pousser en Alsace, le prince royal donna, pour le 4 août, l'ordre de marche suivant :

4 août.

« 1° La *division Bothmer (bavaroise)*, formant l'avant-
» garde, se dirigera sur *Wissembourg*, et cherchera à
» s'emparer de la place. Elle devra protéger son flanc
» droit par un détachement qu'elle enverra vers le Bo-
» benthal par Bellenborn. (Le Bobenthal est une vallée
transversale de la Lauter, allant du sud au nord, à l'ouest
de Wissembourg.)

» 2° La *division Walther (bavaroise)*, avec le restant du
» corps Hartman, rompra à 4 heures du matin et mar-
» chera, en tournant Landau, sur *Ober-Ottersbach* par
» Impflingen et Bergzabern (à 1 mille nord de Wissembourg, sur la route de Landau). (V. carte II.)

» 3° La *division de cavalerie Prince Albrecht de Prusse*,
» se concentrera au sud de Mörlheim à 6 heures du
» matin, et se portera jusqu'à *l'Otter*, à 4,000 pas ouest
» d'Ober-Ottersbach, en passant par Insheim, Rohrbach,
» Billigheim, Babelroth et Capellen (villages situés à l'est
de la route de Landau).

» 4° Le V° *corps* quittera ses bivacs de Billigheim à 4
» heures du matin, pour se porter à *Gross-Steinfeld* et
» *Kapsweier* par Babelroth et Nieder-Ottersbach. (V. carte
» II). Il se fera précéder d'une avant-garde qui franchira
» la Lauter près des moulins de St-Remy et de Worghäu-
» seln, et établira des avant-postes sur les hauteurs au-
» delà de la rivière.

» 5° Le *XI° corps* rompra à 4 heures du matin de Rhor-
» bach (station de chemin de fer au sud de Landau), pour
» se diriger par Steinweiler, Winden (nœud de voies fer-

» rées), Schaid, à travers le Bienwald, sur la *Bienwalds-*
» *Hütte* (au-delà de la voie, à proximité de la Lauter). Il
» se fera précéder d'une avant-garde, qui franchira la
» Lauter et établira des avant-postes sur les hauteurs.

» 6° Le *corps Werder* se dirigera par les grand'routes
» sur *Lauterbourg*, cherchera à s'emparer de la place, et
» établira des avant-postes sur la rive opposée. (Ce corps
avait franchi le Rhin à Maxau.)

» 7° Le *corps von der Tann* se mettra en mouvement à
» 4 heures, suivra la grand'route jusqu'à *Langencandel*
» (long village sur le chemin de fer de Woerth à Carls-
» ruhe), et bivaquera à l'ouest de cette localité. (Ce corps
resta donc en réserve, et assura la retraite vers Germersheim et Maxau).

» 8° Le *quartier général* provisoirement à *Nieder-*
» *Ottersbach.*

» L'ennemi sera repoussé partout où il sera rencontré. »

Le prince royal arriva le 4 août, par un temps pluvieux, à l'est de *Schweigen*, au moment où les premiers coups de feu s'échangeaient ; il était environ 9 heures du matin. Le prince fit porter immédiatement à la *division Bothmer* ([1]), qui se trouvait sur la route de *Wissembourg,* l'ordre d'attaquer cette place.

<small>9 heures matin.</small>

L'apparition en force, des colonnes allemandes, surprit les Français. Mais Wissembourg était encore en état de tenir ; cette ancienne forteresse avait encore des portes, des remparts et des fossés, ces derniers en partie détruits ; les portes étaient solidement closes et barricadées. La garnison ne se composait d'abord que de deux bataillons

---

([1]) 5e, 9e, 4e et 8e régiments d'infanterie ; 6e, 10e et 5e bataillons de chasseurs ; régiments de chevaux-légers *Taxis* et *prince Otton*.

(tirailleurs algériens et 74e), mais elle fut bientôt renforcée.

L'avant-garde de la *3e division bavaroise* déploya ses trois bataillons, son régiment de chevaux-légers et sa batterie d'artillerie entre *Schweigen* et *Wissembourg*, à l'ouest de la chaussée, et ouvrit le feu sur cette dernière ville, où l'incendie éclata bientôt en deux endroits.

Entretemps, deux bataillons avec de l'artillerie arrivèrent au secours de la garnison, et se déployèrent au sud de la place.

Cette position était trop forte pour qu'une attaque à la baïonnette pût être tentée immédiatement; les Bavarois entretinrent un feu ralenti, jusqu'à ce que les colonnes qui s'avançaient fussent assez près pour prendre part à l'action, et concourir à l'assaut.

Le général *de Kirchbach*, attiré par le bruit du canon, dirigea droit sur Wissembourg, la tête de sa colonne, où se trouvait la *9e division d'infanterie*, sous les ordres du général *de Sandrart* ([1]). L'avant-garde de cette division était formée des *régiments Nos 58 et 59;* elle était suivie par le *régiment des grenadiers du Roi* et le *régiment No 47*. La *10e division* fermait la marche.

A 9 3/4 heures, le *3e régiment de Posen, No 58,* qui marchait en tête du corps, atteignit et franchit la Lauter près des moulins vis-à-vis du *Guttenhof*, et se déploya contre le détachement ennemi posté dans cette ferme. L'artillerie française, qui avait pris position au sud de la ville, ouvrit aussitôt un feu violent, ce qui nous convainquit que le *Gaisberg* était fortement occupé. Le *59e régiment* suivit le 58e à l'attaque du Guttenhof.

([1]) Ancien commandant de la 23e brigade d'infanterie, et, en 1866, commandant du régiment de Colberg.

Le général de Kirchbach, apprenant que la division Bothmer était pleinement engagée devant Wissembourg, ordonna à la *18ᵉ brigade (grenadiers du Roi et 47ᵉ régiment)* commandée par le général-major *de Voigts-Rhetz*, et qui avait suivi l'avant-garde sur la Lauter, de marcher en avant par Altenstadt et de porter un coup décisif contre le *Gaisberg*. Altenstadt était occupé par de l'infanterie ennemie. A 11 heures commença l'attaque de ce village, et une demi-heure après les Français en étaient délogés. La *18ᵉ brigade* franchit ensuite la Lauter, et le *régiment des grenadiers du Roi*, qui se trouvait en seconde ligne, reçut ordre de se tenir prêt à marcher contre le Gaisberg, au sommet duquel l'ennemi s'était fortement retranché derrière des constructions. Le *régiment Nᵒ 47* (11 compagnies), qui était en première ligne, fut laissé à Altenstadt, renforcé d'un bataillon du régiment Nᵒ 58, de la 17ᵉ brigade. Ces 15 compagnies eurent pour mission de soutenir les Bavarois, aux prises avec la garnison de Wissembourg, en se dirigeant par la rive méridionale de la Lauter vers l'est de cette place.

<small>11 heures.</small>

Pendant ce temps, l'artillerie avait commencé à battre les portes. Les Prussiens venaient d'arriver au secours de leurs alliés : Bientôt un combat violent s'engagea dans les rues mêmes de la ville, et se termina à l'avantage de nos armes ([1]).

<small>11 ½ heures.</small> A 11 ½ heures, le *régiment des grenadiers du Roi*, sous les ordres du colonel *de Köthen*, s'avança contre le *Gaisberg* sous le feu meurtrier des chassepots. Une compagnie du *47ᵉ régiment* et le *5ᵉ bataillon de chasseurs* le soute-

---

([1]) Dans ce combat, le major Gronefeld, du 58ᵉ régiment, tomba héroïquement à la tête de son bataillon.

naient avec beaucoup d'énergie et de sang-froid. Essuyant dans toute sa violence le feu de l'artillerie ennemie, couverte et retranchée, nos pièces ne produisirent d'effet que par la grande précision de leur tir.

Le prince royal apprit au même instant que les têtes de colonne du *XIe corps*, attirées du Bienwald par le bruit du canon, avaient cherché à rallier le Ve corps, et étaient parvenues à se mettre en ligne à côté de lui. Le général *de Bose* avait fait passer la Lauter à son avant-garde près de *Sleichthal*. Pendant ce temps, les têtes des colonnes qu'il commandait, débouchant du village, se dirigèrent de l'est vers le Gaisberg, et réussirent à faire diversion, en attirant à elles une partie des forces ennemies qui étaient aux prises avec la 17e brigade.

De la hauteur près de *Schweigen*, le prince royal embrassait du regard l'ensemble du champ de bataille, et put diriger lui-même toutes nos opérations jusqu'à la fin du combat.

L'artillerie de la réserve du XIe corps avait, de Schleichthal, devancé l'avant-garde de ce corps, et ouvert le feu contre le Gaisberg ; elle servit ainsi de point de direction aux régiments N°s 80 et 87.

La *17e brigade*, commandée par le colonel *de Bothmer*, notamment deux bataillons du *58e régiment*, était fortement engagée au *Guttenhof*. Le général de division *Douay*, qui défendait le Gaisberg, fut stupéfait de l'audace de ces bataillons, qui s'avançait contre lui, ainsi que la majeure partie de la *18e brigade*, malgré le feu incessant de son artillerie. Le général, ayant à sa disposition une batterie de mitrailleuses, et ses lignes étant parfaitement couvertes, avait cru sa position inexpugnable.

De grands vides se formaient dans les rangs des

Allemands, mais ils étaient comblés aussitôt avec le plus grand ordre.

Le commandant français, attaqué à gauche par les *têtes de colonne du XIe corps*, à droite par le *régiment des grenadiers du Roi*, fit reculer son aile droite vers la partie du Gaisberg qui lui servait de réduit, et chercha à diriger lui-même le feu de sa batterie de mitrailleuses, afin de le concentrer sur les colonnes qui le menaçaient sérieusement.

12 heures. Revenons pour un instant au combat qui se livrait dans *Wissembourg* même. A midi, 3 ³/₄ bataillons de la 9ᵉ division, s'étant avancés sous une pluie de projectiles et ayant rendu une plus longue résistance impossible, les braves Bavarois s'élancèrent à la baïonnette et emportèrent la place : Ceux des fantassins ennemis qui ne parvinrent pas à fuir, durent se rendre et déposer les armes.

Malgré le feu de plus en plus meurtrier des Français, le *régiment des grenadiers du Roi* continuait à marcher en bon ordre à l'attaque du *Gaisberg*. La côte et d'autres accidents du terrain furent bientôt franchis ; pas un coup de feu ne fut tiré. Une charge impétueuse à la baïonnette 12½ heures. enleva le *Schafbourg*; il était 12 ½ heures.

1 heure. A 1 heure, le château qui se trouvait en arrière de la position, tomba au pouvoir des Prussiens, après une attaque intrépide, dans laquelle les trois chefs de bataillon furent grièvement blessés. L'ennemi prit la fuite, et un grand nombre de prisonniers tombèrent entre nos mains. Une pièce de canon fut enlevée par le *5ᵉ bataillon de chasseurs*.

Les Français étaient battus à deux endroits différents.

Notre artillerie avait donné, pendant ce combat, des preuves d'une grande supériorité, et si elle ne délogea pas l'ennemi du Guttenhof, ce fut du moins sous sa protection que la 17ᵉ brigade put s'approcher et s'élancer à l'attaque de ce point.

L'ennemi était-il inférieur en nombre, il occupait en revanche d'excellentes positions; mais il ne put résister à l'impétuosité de nos soldats. Toutefois, nous devons à la vérité de dire que le retour offensif tenté par les réserves, et dont nous parlerons plus bas, témoigne que les troupes françaises, quoique n'ayant plus aucune chance de réussir, avaient à cœur d'accomplir leur devoir.

Ce mouvement fut entrepris vers 1 1/2 heure, mais il échoua complétement. Les troupes qui avaient été engagées et qui se trouvaient encore sur les lieux, suffirent seules à repousser cette attaque. Les Français, en abandonnant le Gaisberg, nous laissaient entre les mains la clef de la Lauter; ce retour offensif ne pouvait donc avoir d'autre but que de couvrir la retraite de l'infanterie française en déroute.

L'ennemi parut suivre, en se retirant, trois directions différentes et se servit, pour masquer son mouvement, du grand bois qui s'étend au sud du champ de bataille et à l'est du chemin de fer.

L'artillerie du Vᵉ corps accompagna l'ennemi de son feu jusqu'à ce qu'il eût complétement disparu dans la forêt de Hagenau. A 2 heures de l'après-midi, la cavalerie de tout le corps d'armée commença la poursuite, et à 4 heures, la *division de cavalerie Prince Albrecht*, qui était restée en réserve, reçut ordre de se diriger sur *Wissembourg* et *Altenstadt*.

La cavalerie française arriva sur le champ de bataille pendant l'action, mais comme elle refusa le combat à notre cavalerie divisionnaire, son apparition n'eut aucune conséquence.

Marginalia: 1 1/2 heure. 2 heures. 4 heures.

La *division Douay*, avec 4 régiments d'infanterie à 3 bataillons (1er régiment de tirailleurs algériens, 50e, 74e et 78e régiments de ligne), le 11e régiment de chasseurs à cheval, des détachements du 3e régiment de hussards ([1]) et 4 batteries d'artillerie, dont une de mitrailleuses, avait pris position sur la *Lauter* pour couvrir la frontière jusqu'au Rhin, et garder en même temps une des portes de l'Alsace, pendant que les trois autres divisions du corps avaient été établies par le maréchal Mac-Mahon, l'une à *Woerth*, les deux dernières à *Strasbourg* ([2]).

Le général Douay fut tué en cherchant à remplir sa mission, dont le but, comme nous venons de le voir, ne fut nullement atteint. Une faible partie de nos forces avait suffi à renverser tous les plans offensifs de Mac-Mahon.

C'était la *IIIe armée* qui avait remporté les honneurs de la journée, en forçant une des portes de la France.

Si les pertes des Allemands étaient considérables, elles faisaient d'autant plus ressortir le mérite de nos armées, et montraient d'avance les chemins glorieux qu'elles allaient se frayer au travers du pays ennemi. Cette première affaire nous donna l'occasion d'observer, comme un présage de la marche ultérieure des événements, que le feu du chassepot n'avait nullement produit, sur nos soldats, cet effet terrifiant que les généraux français croyaient irrésistible, et sur les résultats duquel ils avaient tant compté.

A partir de ce moment, il ne pouvait plus être question de marcher sur Berlin.

Voici le tableau des pertes subies par l'armée prusienne :

---

[1] La cavalerie paraît n'être arrivée qu'au moment du combat de Wissembourg.
[2] Mac-Mahon lui-même se trouvait avec ces dernières.

Ve Corps.

Lieutenant-général DE KIRCHBACH, blessé.

9e Division d'infanterie.

17e BRIGADE.

3e régiment d'inf. Posen, N° 58 :
Major DE GRONEFELD, tué.
Capitaine DE KITTLITZ, tué.
Capitaine DE SEBOTTENDORF, blessé.
Capitaine BREETZ, blessé.
5 lieutenants tués.
7 lieutenants blessés.
225 hommes tués ou blessés.

4e régiment d'inf. Posen, N° 59 :
Les officiers sont renseignés dans le tableau des pertes subies à la bataille de Woerth.
147 hommes tués ou blessés.

18e BRIGADE.

2e rég. de gren. (du Roi), Pr. occ. N° 7 :
Major D'UNRUH, blessé.
Major DE SCHAUMANN, blessé.
Major DE KAISENBERG, blessé.
Capitaine BATSCH, tué.
Capitaine DE BEYER I, tué.
7 lieutenants tués.
5 lieutenants blessés.
185 hommes tués ou blessés.

2e rég. d'inf. Bas.-Sil. N° 47 :
Major DE WINTERFELD, tué.
Les autres officiers au tableau des pertes subies à Woerth.
69 hommes tués ou blessés.

1er bat. de chass. Sil. N° 5 :
Major Cte WALDERSEE, blessé.
64 hommes tués ou blessés.

1er régiment de dragons, Silésie, N° 4 :
Major SENFT DE PILSACH, tué.
6 hommes tués ou blessés.

Régiment de dragons, Marche, N° 14 :
2 hommes blessés.

XIe Corps.

24e Division d'infanterie.

41e BRIGADE.

Rég. de fus. Hesse, N° 80 :
Capitaine DE HOLLEBEN, blessé.
7 lieutenants blessés.
123 hommes tués ou blessés.

1er rég. d'inf. Nassau, N° 87 :
Capitaine DE LOSSAU, blessé.
Capitaine EBHARDT, blessé.
3 lieutenants blessés.
100 hommes tués ou blessés.

2e régiment de hussards, Hesse, N° 14 :
31 hommes tués ou blessés.

Régiment d'artillerie de campagne, Hesse, N° 11.
Major DE LANGEN, blessé.
Capitaine D'ENGELHARDT blessé.
3 hommes blessés.

Bataillon de chasseurs, Hesse, N° 11 :
14 hommes tués ou blessés.

Les Bavarois aussi avaient été sensiblement éprouvés, notamment le 14ᵉ régiment d'infanterie. Cependant, leurs pertes étaient proportionnellement inférieures à celles des Prussiens. La liste officielle bavaroise accusait 4 officiers tués et 10 blessés.

En y comprenant les prisonniers non blessés, nous évaluons à peu près au double des nôtres, les pertes subies par l'ennemi. Toutefois, cette évaluation ne peut être qu'approximative, car la majeure partie de ses blessés avaient été enlevés, et un grand nombre d'entre eux transportés à Strasbourg.

En fait d'officiers supérieurs français, outre le général *Douay* qui tomba mortellement frappé, le général de brigade *de Montmarie* fut blessé.

Les troupes allemandes bivaquèrent au Sud de la Lauter, sur les hauteurs qu'elles venaient d'emporter, et établirent leurs avant-postes au sud et à l'ouest.

Le prince royal fixa son quartier général à la cure de *Schweighofen*.

Le *corps Werder* avait occupé *Lauterbourg* sans résistance ; il avait en outre poussé une brigade en avant contre *Seltz*, et relié ses avant-postes avec ceux du XIᵉ corps, près du village de Wintzenbach. Trente grandes barques et bâteaux du Rhin avaient été capturés pendant ce mouvement.

Les Français, dans ce premier engagement sérieux, s'en étaient donc tenus à la simple défensive, dont ils avaient cherché à tirer le plus de parti possible. En effet, l'infanterie française avait ouvert son feu à la distance de 1,500 pas, tandis qu'il avait été défendu aux Allemands de commencer à tirer à plus de 600 pas. Le tir de l'artillerie ennemie ne s'était pas exécuté avec autant de calme et de soin que celle de la nôtre; il s'en suit naturellement qu'à avantages égaux, cette dernière avait produit des effets plus considérables.

Les troupes impériales avaient tenté une seule charge à la baïonnette, peu avant de battre en retraite, mais elle n'avait eu aucun succès.

La cavalerie française avait refusé le combat, qui lui avait été offert plusieurs fois par la cavalerie divisionnaire prussienne.

L'infanterie allemande s'était avancée en colonnes de compagnie ou de demi-bataillon, qui agissaient immédiatement en flanc contre la position ennemie. Après chaque salve, elle gagnait du terrain.

Le compte-rendu de ce combat par le *Journal officiel* de Paris, rapporte que 7 à 8,000 hommes avaient été engagés à Wissembourg et que les régiments français, malgré l'infériorité du nombre, avaient résisté avec un héroïsme admirable. Ce chiffre n'est pas exact : L'ennemi avait, en tout cas, plus de 10,000 hommes sur le champ de bataille; cette force même avait fait croire à Mac-Mahon que les positions qu'il occupait étaient parfaitement sûres.

D'après leur bulletin, les Français se seraient retirés sur le *Col du Pigeonnier*. Ce fait ne peut être vrai que pour une partie de leurs troupes. Toujours est-il qu'ils avaient évacué le bois, franchi la voie ferrée, et qu'ils cherchaient à se mettre en sûreté et à se relier dans les Vosges et vers Hagenau.

L'Allemagne reçut avec une grande allégresse la nouvelle de cette victoire ; elle y voyait un gage certain de nos succès futurs. Dès ce moment aussi, les troupes des Etats du Sud eurent une confiance absolue dans leur commandant, le prince royal, et lui furent entièrement dévouées.

Le prince avait à ses côtés, comme en 1866, le savant général *de Blumenthal* qui, ainsi que le général von der Tann, avait cueilli ses premiers lauriers pendant la guerre de Danemark, en qualité d'officier du Schleswig-Holstein.

Le général *de Kirchbach*, légèrement blessé, commandait en 1866, sous le général de Steinmetz, la 10e division d'infanterie, dans les glorieux combats de Nachod, Skalitz et Schweinschädel.

La *18e brigade d'infanterie*, qui venait de partager, avec le *régiment de Posen*, N° *58*, l'occasion de se distinguer, était commandée par le général *de Voigts-Rhetz* ; celui-ci se retrouvait avec les *grenadiers du Roi*, à la tête desquels il avait combattu à Skalitz, en 1866, et qui, aujourd'hui encore, avaient donné des preuves éclatantes de bravoure.

OBSERVATIONS.

L'auteur de l'ouvrage intitulé : « *La campagne de 1870 etc.*, » rapporte ce qui suit, sur le combat de Wissembourg :

« Le maréchal Mac-Mahon, imitant dans le Ier corps le fatal exemple qui
» avait été donné pour l'ensemble de l'armée, au lieu de grouper ses 4 divi-
» sions, leur assigna des emplacements tels, qu'elles étaient hors d'état de se
» soutenir mutuellement.

» Le 25 juillet, les positions occupées par ce corps étaient les suivantes : la
» 1e division (Ducrot) en avant de Woerth, la 2e (Douay) à Hagenau, les 3e et 4e
» à Strasbourg. La cavalerie était en avant du front (Soultz et Seltz), couvrant
» de ses avant-postes tout l'espace compris entre les Vosges et le Rhin. Le
» maréchal, craignant que cette cavalerie ne fût trop exposée, la fit soutenir

» par des bataillons isolés d'infanterie : c'était lui enlever évidemment toute sa
» mobilité.

» Mais le maréchal ne trouvait pas encore la frontière entre Wissembourg et
» Lauterbourg suffisamment protégée, et le 2 août il donna l'ordre à la division
» Douay de se porter sur Wissembourg et d'occuper la ville.

» La division Ducrot était toujours à Woerth.

» Le 3 au soir, le général Douay fut prévenu par un grand nombre d'habi-
» tants que les Prussiens s'avançaient sur la ville en masses compactes. Il
» communiqua ces renseignements au général Ducrot, auquel le maréchal avait
» confié éventuellement le commandement des 1e et 2e divisions.

» Le lendemain, vers 9 heures, les Prussiens attaquèrent à l'improviste et
» avec des forces considérables. La division Douay n'avait pas même un peloton
» de cavalerie pour pouvoir se garder au loin : C'est ce qui explique, jusqu'à
» un certain point, la surprise dont elle fut victime.

» Grâce aux bois qui couvraient la rive gauche de la Lauter, grâce à l'absence
» de toute cavalerie du côté des Français, la division Douay fut attaquée dans
» son camp au moment où les soldats faisaient leur soupe.... On crut d'abord
» à une simple reconnaissance....

(Suit le compte-rendu exact, mais très-concis des événements).

« La retraite se fit relativement avec assez d'ordre et ces troupes, bien déci-
» mées, regagnèrent Hagenau.

» La division Douay avait perdu dans ce combat environ 1,200 hommes tués
» ou blessés, près de mille prisonniers, un canon et tout son campement, ainsi
» que ses bagages.

» Les Prussiens accusent de leur côté des pertes énormes, qu'on peut évaluer
» à 1,500 (?) tués ou blessés. »

X.

Les têtes de colonne des Iᵉ et IIᵉ armées se portent sur la Sarre. — Bataille de Sarrebruck, 6 août.

5 août.   Le Prince *Frédéric-Charles*, accompagné de son état-major, se rendit à *Kaiserslautern* le 5 août, lendemain du combat de Wissembourg.

Le moment n'était pas venu encore, où le commandant de la IIᵉ armée pût déployer ses forces contre l'ennemi. Conformément aux instructions du roi Guillaume, son quartier général se trouvait encore éloigné de la frontière, alors que le corps Frossard s'était déjà montré sur le territoire prussien. Les premiers tronçons seulement des colonnes de son armée avaient été transportés par chemin de fer, avec une rapidité inouïe, de l'intérieur sur le Rhin, et arrivaient sur la Sarre.

En jetant un coup d'œil sur la carte (voyez carte 1), nous remarquons — les trois armées étant arrivées simultanément sur leur base d'opérations — que la IIIᵉ armée, qui avait sa base à Manheim etc., devait atteindre la frontière plus promptement, et se trouver en présence de l'ennemi plus tôt que les deux autres, à moins que celui-ci n'eût marché à leur rencontre [1].

---

[1] Le Vᵉ corps, par exemple, avait été amené par chemin de fer de sa circonscription à *Landau*, d'où il pouvait, en une journée de marche, arriver en vue des avant-postes ennemis. Il n'en était pas de même du IIIᵉ corps, qui combattit à Sarrebruck le 6 août, et qui n'avait été transporté intégralement par chemin de fer que jusqu'à *Bingerbrück*.

Nous avons vu que dans la suite, la III⁰ armée avait à parcourir en revanche, en pivotant sur l'aile droite, un trajet beaucoup plus long que la Iᵉ et la IIᵉ armée.

L'ensemble de l'organisation stratégique indiquait clairement à la Iᵉ armée le rôle qu'elle avait à jouer. Elle ne pouvait agir isolément qu'à la suite de certaines circonstances qui viendraient à se produire pendant le cours des opérations ; la IIIᵉ armée, au contraire, se trouva dès le début de la campagne, et à cause des proportions, spacieuses du théâtre de la guerre, dans la nécessité d'opérer d'une façon indépendante.

La Iᵉ armée, tout particulièrement, était dans l'obligation non-seulement d'exécuter les ordres généraux donnés pour les forces allemandes, mais encore de régler ses mouvements sur ceux des deux autres armées.

C'était sur la IIᵉ armée, comme étant le centre et la plus forte, que reposait notre organisation stratégique.

Nous savons par l'exposé du plan de campagne allemand, qu'il s'agissait de diriger avec la plus grande rapidité, sur un point décisif, des troupes en nombre aussi considérable que possible, sans s'occuper d'ailleurs à couvrir du terrain. C'est pour cette raison que l'effectif de cette armée avait été élevé autant qu'il était possible de le faire sans nuire à sa mobilité, et sans apporter de trop grandes difficultés à son entretien.

L'armée qui formait l'aile gauche, se trouvant dans le cas d'être appelée à couvrir éventuellement les frontières de l'Allemagne du Sud, devait également être fortement constituée ; tandis que l'aile droite pouvait être relativement faible, et organisée de telle façon, qu'elle ne produisît des effets utiles qu'en agissant simultanément avec l'armée du centre, ou en trouvant un appui solide.

Mais si la I^e armée, par sa composition, était peu propre à opérer d'une manière indépendante, sa jonction avec la IIe armée augmentait non-seulement sa propre force, mais encore celle du centre, tout en ne mettant aucun obstacle aux mouvements de ce dernier.

D'après les instructions du roi Guillaume, la I^e armée (VIIe et VIIIe corps; le Ier se trouvait plus en arrière) devait se relier, sur la Sarre, avec l'aile droite de la IIe armée, de façon à opérer de concert sitôt la rivière franchie, et à se soutenir mutuellement.

L'arrivée presque simultanée des premiers détachements de l'aile gauche de la IIe armée dans le rayon de la Sarre, sur la route de Hombourg-Blieskastel, et la marche du Xe corps sur Sarreguemines, avaient pour but de protéger le passage à Sarrebruck de la I^e armée et de l'aile droite de la IIe. C'est sous la même protection que ces colonnes, par la suite, atteignirent victorieusement les bords de la Nied, car nos troupes, en marchant sur Sarreguemines, avaient pris l'ennemi en flanc, et l'avaient mis dans l'impossibilité de conserver sa position sur la Sarre inférieure.

Après l'affaire de Wissembourg, il y avait lieu de croire que l'ennemi reconnaîtrait que sa position entre Forbach et Sarrebruck, présentant le flanc aux masses prussiennes, était trop avancée, eu égard à l'éloignement des réserves, qui se trouvaient encore à Metz. Nos chefs devaient supposer dès lors que les Français, plutôt que de se laisser aborder et d'accepter un combat sérieux, préféreraient se retirer, et s'établir plus près de leurs réserves et de Metz, leur position principale.

Il résulte de l'avantage de notre situation, amenée autant par la mobilisation rapide de l'armée, que par l'attitude défensive de l'ennemi et par notre première victoire :

1º Qu'il est impossible que le commandant de la IIe armée ait eu le dessein de tirer prématurément parti de cette situation. Il ne pouvait entrer dans ses vues, ni dans celles de l'état-major général, d'engager, au 6 août, une faible partie de ses forces sur la rive gauche de la Sarre, attendu que le même jour, les têtes seulement de ses colonnes principales approchaient de la rivière, et qu'il était même impossible à l'un de ses corps de se porter en avant. L'ordre de marche donné pour le 6 août au IIIe corps, qui se trouvait en tête, prouve que l'on voulait éviter encore, à cette date, un engagement sérieux sur la Sarre.

2º Que l'ordre de marche de la Ie armée devait être analogue.

3º Qu'en présence de ces mesures, on pouvait s'attendre à ce que les deux armées belligérantes ne se rencontrassent plus dans ce rayon (¹).

Cependant, le combat victorieux de Wissembourg avait fortement animé nos soldats, et les généraux qui se trouvaient à la tête des colonnes, en vue de l'ennemi, devaient s'efforcer par conséquent d'empêcher la retraite possible des troupes impériales. Cette considération explique les ordres transmis à la 14e division d'infanterie et à la 5e division de cavalerie, qui se trouvaient le plus rapprochées des lignes françaises.

D'autre part, il est certain que les commandants d'armée n'auraient plus été en mesure de faire subir un échec à l'ennemi sur la Sarre, s'ils ne s'étaient décidés à marcher énergiquement à lui, dès le jour suivant.

Quelque confiance que les Français eussent dans la force

―――――

(¹) Vu la force des troupes allemandes, la solidité de la position de Spicheren pouvait être ébranlée sans attaque directe, par un mouvement tournant sur Forbach.

de leur position de Spicheren, ils étaient hors d'état d'y amener leurs réserves, avant que le prince Frédéric-Charles n'eût passé la Sarre avec toute son armée. Ils n'auraient pas attendu, d'ailleurs, que ce mouvement fût terminé. Aussi le prince, connaissant la situation, avait-il résolu de ne pas attendre que ses corps fussent rassemblés, d'attaquer la position ennemie le 7 août, avec les troupes disponibles réunies à la I^e armée, de franchir la Sarre et de pénétrer en France (¹).

Les événements du 6 août vinrent empêcher l'exécution de ce projet, ce qui, malgré les succès de cette journée, n'en est pas moins regrettable. En effet, le 7 août, les Français ne pouvaient encore être informés ni de l'approche, ni de la force des troupes qui les enveloppaient, et ils avaient conservé toute confiance dans la solidité de leur position. En général, ils croyaient les armées prussiennes beaucoup plus éloignées de la frontière.

Malgré les renforts qui leur seraient arrivés peut-être, nous aurions positivement réussi à les envelopper complétement et à les écraser.

Les résultats de la journée du 6 août démontrent d'une manière évidente, l'importance des succès que nous aurait procurés cet engagement, s'il avait pu être retardé d'un jour.

D'après les ordres donnés le 5 août, les *avant-gardes* seulement du IIIe corps (d'Alvensleben) et du VIIe corps (de Zastrow) devaient s'avancer le 6 jusqu'à la Sarre, sous la protection des régiments légers de la 5e division de cavalerie. Il avait été décidé par les commandants supérieurs, *que la rivière ne serait pas encore franchie*.

(¹) L'ordre donné par le prince à son armée, *avant* la nouvelle de l'engagement, doit nous en convaincre.

Cependant, le même jour une bataille se livra sur la rive gauche. Elle fut glorieuse pour nos armes, et pourtant, les causes qui l'avaient amenée n'obtinrent pas l'approbation du général en chef.

Nous devons toutefois faire la part des circonstances, d'autant plus que les résultats stratégiques de cet engagement furent très-importants. Une fois de plus nous avons pu nous convaincre que lorsque deux armées se trouvent en présence, animées l'une et l'autre d'une même ardeur, et ne demandant qu'à se mesurer, le but que se proposaient les chefs est outre-passé à la première rencontre, ce qui peut amener de très-graves conséquences.

Un ordre précis, limitant les mouvements d'une façon déterminée, doit néanmoins maintenir une armée disciplinée dans les bornes qui lui sont tracées. On peut donc admettre que, malgré la décision prise de ne point franchir la Sarre, une certaine latitude avait été laissée aux généraux de la I^e armée, dans le cas où ils rencontreraient l'ennemi. Mais rien ne justifie les mêmes suppositions en ce qui concerne la IIe armée.

Les informations recueillies sur la situation de l'ennemi par la I^e armée, lui avaient donné lieu d'exécuter, au-delà des instructions qu'elle avait reçues pour le 6 août, certains mouvements indépendants.

Les ordres émanés du général de Zastrow à la suite de ces renseignements, n'outre-passaient pas extraordinairement, du reste, les limites tracées, attendu que *l'avant-garde* seule de la 13e division fut chargée de pousser une reconnaissance sur *Forbach*, après avoir passé la Sarre. Mais, à l'insu du commandant du corps, le commandant de la 14e division franchit également la rivière avec le gros de ses forces, et fut obligé de soutenir, sur la rive gauche, un combat très-opiniâtre, non prévu pour ce jour-là.

Reprenons maintenant la relation des événements.

6 août   Le prince *Frédéric-Charles* établit, le 6 août, son quartier général à *Hombourg*. Le *XIIe corps* (royaume de Saxe) avait passé Kaiserslautern la veille, et cantonnait également le 6 près de Hombourg.

Sur la même route, à la distance d'une journée de marche, suivait le *corps de la garde;* il fit étape, le 6, entre Kaiserslautern et Hombourg.

En avant de ces deux corps, le *XIe* marchait vers Blieskastel. Une division de cavalerie protégeait le mouvement.

Les trois autres corps de la IIe armée, qui avaient déjà dépassé leur base d'opérations, marchaient vers *Sarrebruck* ou étaient dirigés par chemin de fer sur cette localité, d'où ils étaient répartis dans la vallée de la Sarre; le *IIIe corps*, lieutenant-général *d'Alvensleben,* était en tête. (Un peu plus en arrière et à l'est de celui-ci, se trouvait le *X^e corps.*) Le 6 août, l'avant-garde de ce corps devait atteindre *Sarrebruck,* la 5e *division d'infanterie,* général *de Stülpnagel*, loger à 1 mille nord de cette localité, et la *6e division d'infanterie,* lieutenant-général *de Buddenbrock*, prendre ses cantonnements à *Neukirchen.*

Conformément aux instructions données le 5 août à la I^e *armée*, le *VIIe corps*, général *de Zastrow*, avait été dirigé le lendemain sur *Guichenbach* (à 1 ½ mille nord-ouest de St-Jean) et *Püttlingen* (à ¾ mille sud-ouest de Guichenbach). Les communications avec Sarrelouis étaient entretenues par de fortes patrouilles.

La *13e division d'infanterie*, général *de Glümer*, qui marchait vers Püttlingen, devait pousser son avant-garde jusqu'à *Völklingen* (mi-chemin entre Sarrebruck et Sarrelouis) et *Rockershausen.* (Voyez carte III.)

La *14e division*, général *de Kameke*, qui se dirigeait sur Guichenbach, avait ordre de faire avancer son avant-garde vers *Sarrebruck* et *Louisenthal*.

L'artillerie du corps devait s'arrêter à *Heusweiler* (à 1 ½ mille nord de Guichenbach).

Du *VIIIe corps*, la *15e division d'infanterie* se trouvait près de *Holtz*, la *16e division* près de *Fischbach* (¹).

La *5e division de cavalerie*, sous les ordres du lieutenant-général *de Rheinbaben*, avait envoyé ses régiments légers en reconnaissance en avant des divisions d'infanterie.

Le général *de Zastrow* devait établir son quartier général à *Dilsbourg* (à ¼ mille nord de Guichenbach, à la bifurcation de la route de Lebach à Guichenbach vers Püttlingen).

Le général *d'Alvensleben* avait son quartier général à *Neukirchen*.

Dans la matinée du 6 août déjà, le général de Zastrow, en marche vers Dilsbourg, fut informé par les régiments de cavalerie légère que l'ennemi, qui d'après des renseignements certains avait occupé jusqu'alors le plateau au sud de Sarrebruck, l'avait complétement abandonné pour se retirer sur les hauteurs de Spicheren.

L'avant-garde du lieutenant-général *de Kameke*, qui s'était également portée sur la Sarre près de *Sarrebruck*, transmit, à 10 heures du matin, les mêmes informations au commandant du corps, en ajoutant que de forts détachements ennemis paraissaient prendre le chemin de fer près de *Forbach*. 10 heures matin.

Le commandant de division de Kameke avait conclu de

(¹) Villages situés dans le terrain boisé au nord de Sarrebruck, dont ils sont éloignés de plus de 2 milles ; chemins tortueux.

ces avis que le *corps Frossard* se retirait sur *St-Avold*; il s'agissait, dès lors, d'empêcher la retraite de l'arrière-garde et de la culbuter.

D'accord avec le commandant de la 5ᵉ division de cavalerie, le général de Kameke (¹) résolut, en conséquence, de faire passer la Sarre à la *division de cavalerie* et à la *14ᵉ division d'infanterie* entières.

11 heures. A 11 heures, la *division Rheinbaben* commença à effectuer son passage sur l'autre rive, par *Sarrebruck* (²). Deux escadrons furent chargés d'éclairer, vers *Spicheren*, la marche de la 14ᵉ division, qui franchissait la Sarre par la ville et par le pont du chemin de fer. Lorsqu'après un certain temps, ces deux escadrons reparurent sous le feu de l'artillerie ennemie, établie sur les monts de Spicheren, ils annoncèrent que les troupes françaises occupaient fortement le terrain en avant de ces hauteurs, aussi bien que les hauteurs elles-mêmes. (Division Laveaucoupet.)

Ainsi que nous l'avons dit, les rapports reçus par le général de Kameke avant de passer la rivière, lui avaient fait croire que le corps Frossard se retirait; d'après les mêmes avis, il ne restait, pour couvrir la retraite, que deux bataillons et une batterie. Mais ces renseignements ne concordaient aucunement avec la réalité. — Le général de Kameke reculerait-il, et repasserait-il la Sarre? Sa dignité militaire s'y opposait. S'arrêterait-il sur les hauteurs de Sarrebruck? Il avait alors immédiatement derrière lui un défilé. Il se décida donc à marcher en avant, à

(¹) Le général du génie de Kameke, officier très-distingué, était, en 1866, chef d'état-major du IIᵉ corps d'armée, puis, jusqu'au moment de la mobilisation, chargé de l'inspection générale du corps du génie et des fortifications; il avait obtenu, sur sa demande, le commandement d'une division.

(²) Cette division traversa la ville au milieu de l'enthousiasme de la population.

cheval sur la route de Sarrebruck à Forbach, et d'attaquer l'ennemi.

Eu égard à la force des masses françaises qui occupaient la position dont il s'agit, le général assumait sur lui une grande responsabilité. Les hauteurs de Spicheren, aux versants rapides et en partie boisés, étaient précédées d'une vallée profonde, dont la possession était moins avantageuse que défavorable, car derrière elle s'élevaient les escarpements, se dressant comme les remparts d'une forteresse naturelle. Il était impossible d'en approcher, du reste, sans se porter sous les feux directs de l'artillerie, protégée par des épaulements, et de l'infanterie, qui se tenait à couvert dans des tranchées-abris, et dont le tir obtenait déjà certains résultats à la distance de 1,500 pas [1]. Il fallait donc s'élancer vigoureusement et de front à l'assaut de la position ennemie — ou entrevoir la possibilité d'être refoulé par-dessus la rivière. Une attaque de flanc, vu la faiblesse relative d'une division d'infanterie, n'eût pas permis d'assurer en même temps la retraite par les ponts de la Sarre. Il était probable en outre que le corps Frossard, en supposant qu'il eût commencé son mouvement de retraite, se trouvait en entier derrière les hauteurs. Il fallait s'attendre aussi à une grande résistance de la part des troupes nombreuses qui les occupaient.

L'assaillant était d'autant plus exposé, que les escarpements des hauteurs présentaient des saillants qui, en tombant dans la vallée, formaient des bastions naturels. L'ennemi pouvait donc diriger à la fois, sur cette vallée, des feux directs et des feux croisés.

---

[1] Le tir du chassepot atteignait une grande précision à 1,200 pas, ce que prouvait un accroissement considérable du nombre des tués, à cette distance du front de l'ennemi.

Nos colonnes, en franchissant la Sarre, marchaient inévitablement à un combat terrible et meurtrier. Cette faible troupe n'hésita pas à s'élancer contre des forces dont elle connaissait la supériorité, et qui étaient, pour ainsi dire, complétement à l'abri de ses coups.

L'intrépidité et l'abnégation de nos soldats devaient suppléer au nombre dans cette entreprise audacieuse, uniquement tentée pour l'honneur de l'Allemagne, par dévouement pour le roi et la patrie ; car les avantages tactiques que nous promettait le succès, étaient à peu près nuls.

<small>11 1/2 heures.</small> A 11 1/2 heures, le *régiment de fusiliers du Rhin, N° 39*, s'avança contre l'ennemi, qui s'était complétement retiré des hauteurs de Sarrebruck. Il fut accueilli par une pluie de projectiles, suivie bientôt d'un feu violent de chassepots, partant de la position de Spicheren. Cependant nos bataillons gagnaient visiblement du terrain, et bientôt les avant-postes français furent obligés de chercher un refuge sur les hauteurs boisées, dont nous avions atteint la base. Ici nos troupes durent s'arrêter, foudroyées par le feu de front et de flanc de l'ennemi.

Le régiment N° 39 était suivi du *1ᵉʳ régiment d'infanterie du Hanovre, N° 74*, dont le bataillon de fusiliers se trouvait déployé en colonnes de compagnie, à 1 heure de l'après-midi, sur le plateau de Sarrebruck, à la tête du régiment. Il dut traverser la plaine nue, d'une étendue de plus d'un quart de mille, avant d'atteindre le pied des hauteurs.

La *28ᵉ brigade* — cinq bataillons — se porta à la droite de la 27ᵉ, contre le village de Stiring, occupé par la division Vergé. Le combat qui s'était engagé dans le bois, de ce côté, se prolongea sans que nos troupes parvinssent à gagner du terrain ; enfin la brigade s'élança, mais elle alla se briser contre les retranchements et le nombre des Français, et ne réussit point à s'emparer du village.

Il est à remarquer que l'artillerie française était de beaucoup plus forte que les quatre batteries de la 14ᵉ division d'infanterie, et que celles-ci ne trouvaient que des positions fort peu favorables et découvertes.

A partir de ce moment, il ne s'agissait plus pour cette division, que de conserver, du moins en partie, le terrain qu'elle avait conquis sur la rive gauche, et de s'y maintenir en soutenant avec opiniâtreté un combat inégal.

Le général de Zastrow n'avait pas encore atteint Dinsweiler, lorsqu'il reçut, à 10 heures, le rapport que lui avait envoyé le général de Kameke, et dont nous avons parlé plus haut. Ce rapport concordant parfaitement avec les renseignements fournis par la cavalerie légère, le général supposa que les Français s'étaient retirés plus loin en arrière, et résolut en conséquence de rapprocher son corps de la Sarre, et de recueillir de plus amples informations en poussant une reconnaissance sur le flanc gauche de l'ennemi.

Ignorant le combat dans lequel était engagée la division de Kameke, dont il croyait encore pouvoir disposer, il donna, à cet effet, l'ordre suivant :

« La 13ᵉ division, sous les ordres du général de Glümer,
» marchera sur Völklingen et Wehrden (¹), poussera son
» avant-garde sur Forbach et Ludweiler (²), et se rensei-
» gnera sur la force et les intentions de l'ennemi près de
» Forbach.

» La 14ᵉ division renforcera son avant-garde, l'établira

(¹) Wehrden se trouve vis-à-vis de Völklingen, sur la rive opposée de la Sarre.
(²) A $1/2$ mille sud-ouest de Wehrden, dans la vallée de Rossel.

» sur la rive gauche de la Sarre, et dirigera son gros sur
» Rockershausen (voyez carte III) par Neudorf. Des pa-
» trouilles seront envoyées en avant, vers Forbach.

» L'artillerie du corps suivra jusqu'à Püttlingen.

Cet ordre ne put être exécuté que par la 13ᵉ division d'infanterie ; il avait pour objet de disposer les forces du IIIᵉ corps en vue d'une attaque sur Forbach, projetée pour le lendemain, 7 août, au matin.

Les estafettes chargées de porter l'ordre étaient en route, lorsque le général reçut, à 11 $^3/_4$ heures, du général de Kameke, une dépêche ainsi conçue :

11 $^3/_4$ heures.

« L'avant-garde de la 14ᵉ division a passé Sarrebruck,
» occupe le champ de manœuvres, et se trouve engagée
» dans un combat d'artillerie avec les batteries ennemies,
» établies sur les hauteurs de Spicheren. Le gros de la
» division franchit en ce moment la Sarre à Sarrebruck et
» sur le pont du chemin de fer à proximité de cette ville. »

Une nouvelle dépêche du général de Kameke parvint, à 3 heures, au commandant du corps :

3 heures.

« La division elle-même est engagée dans un combat
» violent ; notre infanterie gagne du terrain et les batteries
» ennemies sont descendues des hauteurs. »

Ce dernier point a été reconnu inexact par la suite.

Les avis qu'il venait de recevoir, déterminèrent le général de Zastrow à se porter aussitôt en personne sur le champ de bataille, en passant par Sarrebruck, et d'envoyer à la 13ᵉ division d'infanterie, à Völklingen, un officier chargé d'informer le général de Glümer du changement survenu dans la situation.

Le terrain montagneux et boisé de la rive droite de la Sarre, qui présentait de grandes difficultés pour l'entretien des communications régulières, avait en outre empêché le bruit du canon d'arriver jusqu'à cette division, éloigné de 1 $\frac{1}{2}$ mille du théâtre de la lutte.

Il était 4 $\frac{1}{2}$ heures environ, quand le général *de Zastrow* (¹) arriva sur le *Galgenberg*, et reprit, des mains du général de Göben, commandant du VIIIe corps, la direction des opérations.

Avant de continuer notre récit, nous avons à nous occuper de la *14e division d'infanterie*, fortement engagée, ainsi que nous l'avons vu, et à mentionner l'arrivée, à ce moment même (4 $\frac{1}{2}$ heures), des renforts envoyés par les *16e* et *5e divisions d'infanterie*.

La lutte entreprise par la division de Kamcke avec enthousiasme, se continuait avec une froide résolution. A l'aile droite, cinq bataillons de la *brigade de Woyna (5e régiment d'infanterie de Westphalie, N° 53, et 2e régiment d'infanterie du Hanovre, N° 77)* étaient aux prises, à l'ouest de la chaussée, avec l'aile gauche de l'ennemi, dont le feu violent les clouait sur place. Le régiment N° 77 surtout, essuya des pertes considérables en cet endroit.

La *brigade François* (27e), qui combattait à gauche de la précédente, était dans une situation plus défavorable encore. Elle se trouvait devant les bastions naturels les plus saillants, au nord de la position, et par conséquent fort exposée aux feux de flanc des Français (division Laveaucoupet) (²).

(¹) Le général de Zastrow fit ses premières armes sous les ordres du général de Bonin, pendant la guerre du Schleswig-Holstein contre le Danemark, où il se montra chef circonspect, habile et résolu. Rentré au service de la Prusse, il commandait, en 1866, la 11e division (Breslau), à la tête de laquelle il harcela le flanc des réserves autrichiennes, les rejettant de village en village, et leur enleva un nombre considérable de canons.

(²) Ici tombèrent, en donnant des preuves de la plus grande bravoure, les capitaines de Manstein, de Daum, Oloff et Mudrack.

Le général de Kameke vit alors diminuer de plus en plus la possibilité d'aborder l'ennemi de front, et il ordonna, en conséquence, une attaque dans la direction de *Stiring*, contre le flanc de l'aile gauche (division Vergé). Ce mouvement n'eut aucun résultat favorable, malgré l'intrépidité des bataillons allemands. Notre infanterie marchait sous le feu des canons, des mitrailleuses et des chassepots, soutenue seulement par les quatre batteries composant l'artillerie divisionnaire, qui, pour pouvoir avancer, devaient également se découvrir.

A 3 heures de l'après-midi, aucun avantage n'avait été obtenu devant les hauteurs de Spicheren, et, deux attaques contre l'aile droite des Français ayant été repoussées, le succès fut tellement compromis, que la situation pouvait devenir critique.

Heureusement, les renforts n'étaient pas loin, et furent attirés en nombre considérable par le bruit du canon, entendu par les têtes des 16e et 5e divisions d'infanterie, lesquelles propagèrent la nouvelle de l'engagement.

Le *régiment de grenadiers de Brandebourg (Prince Charles de Prusse), N° 12*, put être amené, par chemin de fer et par bataillons successifs, de Neukirchen, quartier général du IIIe corps. Des ordres furent donnés, en outre, au restant de la *5e division d'infanterie*, pour qu'elle se portât avec la plus grande célérité sur le champ de bataille.

Quelque rapidement que le lieutenant-général *de Barnekow*, commandant la 16e division d'infanterie, eût fait avancer son avant-garde vers Sarrebruck, elle ne put arriver que vers 3 heures sur le lieu de l'action. Elle était composée de trois bataillons du *régiment de fusiliers de Hohenzollern, N° 40*, de trois escadrons du *régiment de hussards, N° 9*, et de deux *batteries d'artillerie du Rhin*.

Le régiment de fusiliers, qui s'était déjà distingué à Sarrebruck, entra immédiatement en ligne, pour soutenir la gauche de la division Kameke contre l'aile droite de l'ennemi.

Presqu'en même temps que le régiment N° 40, commandé par le colonel *de Rex*, parurent, plus à gauche encore, sur le *Winterberg*, deux bataillons du *régiment de Brandebourg*, *N° 48*, qui poussaient une reconnaissance sur Sarrebruck, sous les ordres du général-major *de Döring*, commandant de l'avant-garde du III⁰ corps.

Ce général fit avancer également, de *Dudweiler* (à 1 mille nord de Sarrebruck, sur la route de Neukirchen), le restant de sa brigade : *régiment des grenadiers gardes du corps*, un bataillon du *régiment N° 48*, et deux *batteries d'artillerie de Brandebourg*.

Ce fut lui encore qui transmit aux généraux de Stülpnagel et d'Alvensleben, les informations à la suite desquelles ceux-ci, après avoir exécuté des ordres antérieurs, purent aussi se diriger vers le lieu du combat.

Pendant que le régiment de Hohenzollern se déployait, les deux premiers bataillons du régiment de Brandebourg s'établirent dans les vignobles, au pied du Winterberg, et ouvrirent le feu sur l'extrémité de l'aile droite des Français.

La 5⁰ division d'infanterie entière, trois bataillons du régiment N° 20, et six batteries du III⁰ corps venaient de se mettre en mouvement, lorsque le général *d'Alvensleben* ([1]), paraissant à son tour sur le champ de bataille, à 3 ¼ heures, trouva fortement engagées, outre quatre bataillons et deux batteries de la brigade Döring, la 14⁰ division et le régiment N° 40.

3 ¼ heures.

([1]) Avant la guerre, commandant de la 1⁰ division d'infanterie de la garde ; il commandait, à Königgrätz, la 2⁰ brigade de cette division.

Le général de division *de Stülpnagel* (¹) et le général *de Döring* (²) avaient devancé leurs colonnes, afin de pouvoir les diriger immédiatement sur les points où leur présence était le plus nécessaire. C'est ainsi qu'ils avaient pu établir assez favorablement sur le Winterberg, les bataillons que nous avons cités plus haut.

L'artillerie prit position sur les hauteurs de Sarrebruck.

Les forces qui venaient d'entrer en ligne, permirent au général de Kameke d'ordonner une attaque générale de toute sa division, sur le front de l'ennemi. Mais de nouveaux renforts étant arrivés à ce dernier, cette tentative échoua encore, et nous commencions à perdre l'espoir d'emporter ces hauteurs, s'élevant en pente rapide à plus de 100 pieds, et le village de Stiring, couvert par des montagnes boisées.

Malgré la grande extension du front de l'ennemi et malgré sa force, il fut décidé qu'une nouvelle attaque serait portée contre son flanc (³) par les troupes de la 5ᵉ *division d'infanterie* qui venaient d'arriver. Elles furent chargées de s'emparer de la hauteur boisée occupée par l'aile droite des Français, afin de permettre à la 14ᵉ division d'avancer également sur le front.

Le général de Stülpnagel avait donné ses ordres en conséquence, lorsque le général *de Göben* arriva sur le théâtre de l'action, quoique un régiment d'infanterie, trois escadrons de hussards et deux batteries seulement de son corps fussent engagés.

(¹) Le lieutenant-général de Stülpnagel fut longtemps chef d'état-major du prince Frédéric-Charles ; en 1866, il remplissait les fonctions de quartier-maître général de la 1ᵉ armée.

(²) Auparavant, commandant du régiment de grenadiers de la garde, Reine Elisabeth.

(³) La division Bataille était venue renforcer les deux autres divisions françaises.

D'après l'ancienneté, la direction des opérations revenait à ce général. Les dispositions prises par les généraux d'Alvensleben et de Stülpnagel furent maintenues, avec cette modification toutefois, que l'aile droite de l'ennemi devait être tournée et enveloppée.

Ce mouvement réussit après quelques efforts, aux quatre bataillons de la 9e brigade. Deux de ces bataillons, sous les ordres du général *de Döring*, s'élancèrent dans la partie boisée de la hauteur, malgré des pertes énormes, et en atteignirent bientôt la lisière opposée.

Deux bataillons *(1er bataillon et bataillon de fusiliers) du régiment de grenadiers de Brandebourg, No 12*, qui se jetèrent dans l'action avec toute l'intrépidité que réclamait la circonstance, contribuèrent pour une grande part à ce premier succès, en repoussant l'ennemi du bord de la crête, et en s'emparant d'une partie du plateau.

Ces phalanges héroïques, qui avaient marché à une mort presque certaine, méritent, malgré la bravoure déployée par tous, que nous en fassions ici, par exception, une mention toute spéciale.

Voici ce qui s'était passé :

Le colonel *de Reuter*, arrivant sur le champ de bataille à la tête du 1er bataillon de son régiment, avait aperçu le vide qui subsistait dans notre ligne, entre le régiment de Hohenzollern et les troupes du général de Döring, en face d'un escarpement nu et tellement raide, que l'ascension en paraissait tout-à-fait impossible. Le plateau qui le couronnait, était occupé jusqu'au bord par les masses de l'infanterie ennemie, qui foudroyèrent ces deux demi-bataillons, décimés avant d'avoir pu ouvrir leur feu.

Officiers et soldats devaient rivaliser d'abnégation pour accomplir leur devoir, et tenter de faire une trouée dans les lignes françaises. Il s'agissait d'escalader la pente rapide, sans pouvoir user de ses armes, et de se précipiter au-devant de mille morts vomies par les mitrailleuses et les chassepots.

Le capitaine *d'Oppen*, avec l'enthousiaste résolution du guerrier qui meurt pour sa cause, s'élance à la tête de ses deux compagnies, et leur crie : « Soldats, il le faut — en » avant ! Dieu est avec nous ! » A peine eut-il dit, qu'il tomba, percé de plusieurs balles. Le bataillon perdit bientôt la plupart de ses officiers ; les soldats couvraient le sol : Les uns égalèrent les autres en bravoure.

Le second bataillon avait suivi le 1er avec la même audace et le même courage ; son commandant, le major *Johow*, trouva également ici une mort glorieuse. Le plus grand nombre des officiers tombèrent. Enfin, avant même d'avoir atteint le pied de la hauteur, le vaillant colonel *de Reuter* ([1]), qui précédait ses bataillons, avait reçu la blessure grave qui devait lui coûter la vie.

Lorsque chaque bataillon eut jonché le champ d'honneur de plusieurs centaines de ses morts — la hauteur était à nous !

Pendant ce temps le général *de Döring*, avait, non sans grandes pertes ([2]), délogé l'ennemi du bois qu'il occupait sur la gauche, et touchait la lisière opposée au moment où les débris du régiment N° 12 atteignaient le sommet de l'escarpement.

Il ne manquait que de l'artillerie et de la cavalerie, pour nous conserver le plateau d'où l'aile droite de l'ennemi venait d'être repoussée. Il paraissait impossible de faire

---

([1]) Précédemment aide de camp du duc de Cobourg-Gotha.
([2]) Le major de Klinguth, les capitaines Werner, de Kracht et Gross y moururent en héros.

gravir cette pente rapide par des canons. Cependant le général *de Bülow*, commandant l'artillerie du corps, qui avait assisté à l'action, se trouva prêt à tenter l'entreprise avec les deux batteries du major de Lynker, qui restaient disponibles.

Elles s'élancèrent effectivement, arrivèrent au faite, et se portèrent jusqu'à la ligne de tirailleurs, où elles assurèrent bientôt le succès par la précision de leur tir.

Toutefois, il n'était pas possible encore de pousser plus loin.

La lutte dans laquelle le régiment de Brandebourg venait de remporter l'avantage, permit au centre, qui s'était maintenu au pied des hauteurs, d'en entreprendre enfin l'ascension.

La *27e brigade* parvint à son tour, au prix de grands sacrifices, à s'établir sur le plateau et continua à combattre dans le petit bois qui le bordait. Le général-major *de François*, l'intrépide commandant de cette brigade, venait de partager avec beaucoup des siens la mort des braves.

Entretemps, le *régiment de Hohenzollern* fut également dirigé sur ce bois par le général de Göben. Il ne s'agissait plus que d'en emporter la pointe sud-ouest, pour qu'il fût tout entier en notre pouvoir. Le but fut atteint à 5 heures, grâce au vaillant appui du régiment que nous venons de citer.

Voyons à présent ce qui se passait à l'aile droite, où le général de Zastrow avait paru, ainsi que nous l'avons vu, vers 4 ½ heures, pendant que le centre et l'aile gauche 4 ½ heures. réunissaient toutes leurs forces pour ne pas être refoulés.

D'après le rapport du général, voici quelle était la situation au moment de son arrivée (voyez carte III) :

Le *régiment d'infanterie de Westphalie*, *N° 53*, commandé par le colonel *de Gerstein*, et le *régiment d'infanterie du Hanovre*, N° 77, sous les ordres du colonel *de Conrady*, après avoir perdu beaucoup de monde, s'étaient rendus maîtres du bois qui se trouve près du chemin de fer, entre *Drathzug* et *Stiring*, et l'occupaient.

Sur la hauteur de *Fockster* et le *Galgenberg*, la 1ᵉ division à pied du *régiment d'artillerie de campagne de Westphalie*, N° 7, et deux batteries du *régiment d'artillerie de campagne du Rhin*, N° 8, entretenaient un feu violent sur le front.

Le *régiment de hussards du Hanovre*, N° 15, et le *2ᵉ régiment de hussards de Westphalie*, N° 11, se tenaient couverts à l'est de *Drathzug*.

Sur le front, il n'existait plus de réserves d'infanterie.

Derrière l'aile gauche, au pied des hauteurs, étaient établis les régiments de la 5ᵉ *division de cavalerie* qui n'avaient pas reçu d'autre destination.

Sur l'avis du général de Zastrow, il fut décidé, entre lui et le général d'Alvensleben, que les renforts que devait encore fournir la division de Brandebourg (5ᵉ), seraient lancés contre l'aile gauche de l'ennemi.

5 ½ heures. Vers 5 ½ heures, le combat vint à stater sur tous les points. Les parties ouest des hauteurs de Spicheren, c'est-à-dire les plus rapprochées de la chaussée, le Kreutzberg, montagne boisée située plus en arrière, et la coupure artificiellement fortifiée du plateau, touchant au nord du village, formaient une position très-importante, favorable sous tous les rapports, mais dans laquelle le général Frossard ne put se maintenir qu'en faisant des attaques offensives de front, avec les troupes fraîches qui débouchaient du bois du Kreutzberg (¹). Les Français s'avançaient en ligne,

---

(¹) Dans la matinée du 6 août, deux divisions du IIIᵉ corps se trouvaient : celle de Metman à Mertenbach, celle de Montaudon à Sarreguemines, l'une et l'autre à 1 ¾ mille seulement de Spicheren. (Voyez *La campagne de 1870, etc.*).

ouvraient le feu à 1,500 pas au moins, et le continuaient jusqu'à la distance de 1,000 pas. Aucune de ces attaques ne réussit. Les Prussiens, impassibles sous les balles ennemies, demeuraient fermes.

D'après le rapport du général de Zastrow, ces marches en bataille furent suivies d'attaques en colonnes. En somme, ces tentatives, malgré l'artillerie qui les appuyait, furent renouvelées sans résultat, à quatre ou cinq reprises, entre 5 $^1/_2$ et 8 heures.

Si pendant ce temps il avait été impossible à notre infanterie de gagner du terrain, elle s'était assise de plus en plus solidement sur la partie conquise du plateau et dans le bois de Stiring, à mesure que les forces des troupes françaises s'épuisaient en vains efforts.

L'artillerie, dont le général *de Bülow* avait pris le commandement, put être établie dans des positions plus favorables, et concourir également à refouler les troupes impériales.

L'ennemi voyant sombrer, une à une, toutes les chances de reconquérir le terrain qu'il avait perdu sur son front, essaya de porter, par *Stiring*, une attaque qui ne fut pas plus heureuse. Ce fut le dernier effort offensif.

A 7 heures, le général *de Steinmetz*, commandant de la I^e armée, parut également sur le champ de bataille ; il avait reçu à 5 heures, à *Eiweiler* (à 2 milles nord de Sarrebruck) la nouvelle de l'engagement. Les dispositions prises dans le but d'assurer une victoire complète, paraissant suffisantes, le général jugea inutile d'intervenir personnellement.

<small>7 heures soir.</small>

Nous savons que les troupes fraîches de la division de Brandebourg (5e), qui venaient d'arriver, étaient destinées à enfoncer l'aile gauche de l'ennemi. Ces renforts se composaient du *bataillon de fusiliers, N° 12*, du *3e bataillon* de *chasseurs*, du 2ᶜ bataillon du *régiment des grenadiers gardes du corps*, du *régiment Nº 52*, et de deux batteries de la *5ᵉ division d'infanterie*.

Leurs efforts furent couronnés de succès, et ce fut le *1ᵉʳ bataillon du régiment Nº 52* qui emporta le village de *Stiring*, si vivement disputé.

D'après les rapports officiels, la retraite de l'ennemi, dès ce moment, devint générale. 52 bataillons français (à 8-900 hommes) (¹), appuyés par toute l'artillerie du corps, étaient délogés par 27 bataillons prussiens (à 1000 hommes), soutenus seulement par l'artillerie divisionnaire, d'une position que les Français eux-mêmes avaient considérée comme inexpugnable.

L'ennemi opéra sa retraite principalement par *Spicheren* et *Etzlingen* (voyez carte III) (²), à la faveur de la nuit qui tombait, et sous la protection de son artillerie.

La reconnaissance sur *Forbach*, par la *13ᵉ division d'infanterie*, ordonnée par le général de Zastrow, changea cette retraite en déroute, laquelle dégénéra bientôt en une véritable panique. Le gros de la division n'atteignit plus cette localité le jour même, mais son avant-garde la menaçait sérieusement, au moment où le coup décisif se frappait à Spicheren.

La bataille qui venait de se livrer devait éveiller, dans l'esprit des généraux français, la crainte d'être complétement coupés, d'autant plus qu'ils venaient d'acquérir l'expérience que leur supériorité même ne les sauvait pas d'une défaite. Chute profonde et inattendue, qui devait considérablement démoraliser l'armée impériale.

(¹) V. note 5, page 72.
(²) Vers Sarreguemines. (V. *La campagne de 1870 etc.)*

Les vainqueurs campèrent sur les positions conquises.

Jetons un coup-d'œil rétrospectif sur le mouvement exécuté pendant l'action, par la *13ᵉ division d'infanterie*, à l'ouest du champ de bataille.

L'avant-garde avait atteint *Völklingen* à 2 ½ heures, et le gros, qui se trouvait à Tüttlingen, avait rompu à 3 heures pour se porter au même point.

Cette division n'avait appris qu'à 5 heures, par l'envoyé du général de Zastrow, le combat qui était engagé.

L'avant-garde s'était aussitôt remise en marche, et s'avançait, à 6 heures, de *Ludweiler* (à ¾ mille sud de Völklingen) sur *Forbach*, par Rosseln. Le gros suivit quelque temps après.

Après 8 heures du soir, le général-major *von der Goltz* déboucha du *Fischwald* avec trois bataillons du *régiment d'infanterie de* Westphalie, Nº 55, et une batterie, qu'il lança contre le *Kaninchenberg*, couvert de longues tranchées-abris étagées. 8 heures soir.

Le *régiment Nº 55*, sous les ordres du colonel *de Barby*, marcha bravement à l'attaque de cette position, défendue par un ennemi invisible. A deux reprises, le feu meurtrier des Français le força à la retraite, sans le rebuter. A la troisième, la hauteur fut enlevée d'assaut. Dans leur exaspération, les Allemands firent un vrai carnage de ceux des ennemis qui ne parvinrent pas à fuir.

Une partie des *chasseurs de Westphalie* prit également part à ce combat.

Les deux batteries purent enfin se porter en avant et diriger leur feu sur *Forbach* et sur les masses ennemies qui s'y tenaient encore. Nos troupes n'occupèrent cette localité que quelques temps après.

A la suite du succès qui venait de favoriser nos armes,

la *16ᵉ division d'infanterie*, qui ne put arriver à Sarrebruck que le soir, reçut du général de Steinmetz l'ordre de se tenir à la disposition du général de Zastrow, prête à refouler les Français dans le cas où ils tenteraient un retour offensif pendant la nuit.

La valeur et le dévouement de nos soldats, l'habileté de nos chefs s'étaient hautement manifestés à Spicheren. L'assaut du Kaninchenberg, et les obus allemands qui surprirent les réserves françaises à Forbach, durent amener, dans les rangs ennemis, une confusion beaucoup plus grande qu'elle ne paraissait nécessaire en envisageant la situation au point de vue particulier.

Nous n'avons pu nous renseigner exactement sur le chiffre des troupes françaises qui occupaient Forbach, au moment où le régiment N° 55 s'emparait du Kaninchenberg. Il nous semble toutefois que ces troupes doivent porter la responsabilité entière du désordre dans lequel s'effectua la retraite de tout le corps d'armée. Cependant, s'il était réellement impossible à l'officier qui commandait à Forbach le 6 au soir, de s'y maintenir jusqu'à ce que la gauche des divisions battues se fût retirée en bon ordre et n'eût plus rien à craindre, c'est sur la direction stratégique que retombe la faute.

Il se peut que les forces qui occupaient Forbach au matin du même jour, aient dû marcher pendant la bataille; mais, vu l'importance de ce point, il devait se trouver à proximité, en toutes circonstances, d'autres troupes en nombre suffisant pour les remplacer.

Si le général de Kameke, malgré les renforts qu'il a reçus, avait subi un échec, nos lignes de retraite étaient assurées par la 13ᵉ division à Völklingen, et par les 16ᵉ et 17ᵉ à Sarrebruck.

S'il est permis de conclure des événements qui venaient de se produire, que les commandants de l'armée impériale manquaient de circonspection, il faut considérer aussi qu'à cette époque, les Français n'étaient plus aussi certains du succès qu'autrefois ; ils avaient déjà conçu le dessein de s'établir dans de fortes positions et d'y attendre le choc de l'ennemi.

Mais ils furent surpris par la mobilisation rapide de notre armée : Ils ne se doutaient nullement qu'au 6 août, 100,000 Allemands se trouvaient près de Sarrebruck, à une journée de marche de leurs lignes. Nos chefs, d'ailleurs, avaient su dissimuler leurs mouvements avec beaucoup d'habileté, et la presse allemande s'était montrée fort sage, en observant scrupuleusement les instructions qu'elle avait reçues à cet égard.

A l'arrivée du corps de Frossard, qui était autorisé à accepter le combat près de Spicheren, deux divisions seulement avaient pris possession de leurs emplacements, ou étaient en marche pour venir les occuper. Eu égard aux circonstances, et à la force des armées allemandes, c'était évidemment trop peu.

A Forbach, plus de 500 prisonniers non blessés, un nombre considérable de voitures de vivres, des colonnes de pontons, un grand magasin, plusieurs charrettes chargées de fourrages et d'effets, du matériel et des munitions de toute espèce tombèrent entre les mains de la 13e division d'infanterie.

Les pertes de l'ennemi, en tués et en blessés, étaient au moins égales aux nôtres, résultat que nous ne pouvions espérer, en présence de la formidable position qu'il occupait. L'énergique résolution, l'ardeur soutenue de nos soldats avaient rétabli l'équilibre.

Immédiatement après la bataille, le chiffre des prisonniers français non blessés était de plusieurs milliers, parmi lesquels un grand nombre d'officiers. Après la poursuite, il s'élevait à 10,000 hommes.

Dès le début de l'engagement, notre cavalerie avait été forcée à l'inaction par les difficultés, insurmontables pour elle, que présentait le terrain.

Ce furent principalement le *régiment de hussards n° 15* et *deux batteries à cheval de Westphalie* qui, en poursuivant l'ennemi, firent, le 7 août à *Forbach*, le butin dont nous avons fait mention. En outre, les bois étaient remplis de fuyards du II⁰ corps français, presque complétement débandé.

La 13⁰ division d'infanterie, en se portant en avant, avait coupé la grand'route de St-Avold, par laquelle l'ennemi comptait effectuer sa retraite. Il fut obligé par conséquent de suivre les chemins de traverse, en se dirigeant davantage vers le sud-est, et de gagner précipitamment la *Nied*, sur laquelle il trouvait une position appuyée sur Metz.

Sortons un instant de notre cadre, pour rendre hommage à la patriotique abnégation des habitants de Sarrebruck et des environs, qui, malgré les grands dangers qui les enveloppaient, n'ont cessé de prodiguer à nos blessés les soins les plus dévoués. Cette bataille fut la seule qui se livra sur le territoire allemand ; mais nous avons contracté, envers les habitants de la contrée qui en fut le théâtre, une dette éternelle de reconnaissance. Nous devons aussi un éloge tout spécial à l'ordre de St-Jean et aux sociétés privées de secours aux blessés, pour les services signalés qu'ils nous ont rendus, ici comme après chaque rencontre.

Le concours de ces institutions est un progrès immense, mais il est certain que, sous ce rapport, on ne fera jamais trop, — peut-être jamais assez! Le champ de bataille de Sarrebruck, ainsi que celui de Woerth, vers lequel nous guiderons bientôt le lecteur, présentait un de ces tableaux horribles, épouvantables, qui ne s'effacent jamais de la mémoire.

Nous croyons devoir, après ce premier engagement sérieux, où nous avions contre nous la supériorité du nombre, établir une comparaison entre le soldat français et le soldat allemand, en prenant pour guide les incidents qui se sont produits pendant le cours de la journée du 6 août.

L'élan français, que l'on avait fait sonner si haut, ne s'est point révélé ; le soldat a fait preuve de bravoure, sans doute ; encore fallait-il que les premiers moments fussent passés. En marchant au feu, il montrait quelque timidité, dont on trouvera la cause probable dans la nouvelle tactique adoptée par l'infanterie dans les batailles rangées, et qui consiste à se couvrir immédiatement de tranchées-abris. Se fiant à la protection de ces ouvrages, elle perdait toute sa fermeté aussitôt que l'assaillant parvenait à l'y atteindre ; elle ne pouvait plus soutenir un combat face à face.

Le jour de la bataille, nos soldats avaient déjà fourni une marche prolongée, et une partie d'entre eux n'avaient pris aucune nourriture. Cependant, du même souffle ils se jetaient courageusement dans l'action, sans hésiter, et malgré le feu le plus violent. D'une part, nous devons ce résultat à une discipline sévère, sagement introduite dans les rangs de l'armée, et à une confiance aveugle dans les chefs, qui, outre leur habileté, ne ménageaient ni leur personne ni leur vie. D'un autre côté, l'abnégation et l'énergie enracinées dans le caractère du soldat, ainsi que la souplesse morale que l'ancienne armée prussienne a transmise à l'armée allemande, ont contribué largement à cette fin.

Nous nous abstiendrons, pour le moment, de donner notre appréciation sur les officiers français, en faisant observer seulement, qu'il a été constaté plusieurs fois de notre part, pendant le combat, qu'ils ne pouvaient obtenir de leurs hommes une obéissance aussi prompte que les nôtres.

Voici, d'après le tableau officiel, un résumé des pertes subies par les Allemands :

14e Division d'infanterie.
27e BRIGADE.

Général-major DE FRANÇOIS, tué.

Régiment de fusiliers, Bas-Rhin, No 39 :

Major de WICHMANN, tué.   Capitaine NEITZKE, blessé.
Capitaine MUDRACK, tué.   4 lieutenants tués.
Capitaine BENHOLD, blessé.   11 lieutenants blessés.

       1er bataillon........ 180 hommes tués ou blessés.
       2e   »   .... 203 » » »
       Bataillon de fusiliers. 243 » » »

TOTAL : 20 officiers......... 626 hommes tués ou blessés.

1er Régiment d'infanterie du Hanovre, No 74 :

Capitaine OLOFF, tué.   Capitaine SIEMENS, blessé.
Capitaine DE SALISCH, blessé.   Capitaine OSTERWALD, blessé.
Capitaine DE KOSCHKULL, blessé.   4 lieutenants tués.
Capitaine DE GABAIN, blessé.   16 lieutenants blessés.

       1er bataillon........ 169 hommes tués ou blessés.
       2e   »   .... 93 » » »
       Bataillon de fusiliers. 270 » » »

TOTAL : 26 officiers......... 532 hommes tués ou blessés.

28e BRIGADE.

5e Régiment d'infanterie de Westphalie, No 53 :

1er Bat. 4 lieutenants tués.   48 hommes tués ou blessés.
7 lieutenants blessés.

2e Régiment d'infanterie du Hanovre, No 77 :

Capitaine DE MANSTEIN, tué.   Capitaine DE MARSCHALL, blessé.
Capitaine DE DAUM, tué.   1 lieutenant tué.
Capitaine KASCH, blessé.   15 lieutenants blessés.

1er bataillon........	158	hommes tués ou blessés.		
2e »	216	»	»	»
Bataillon de fusiliers	229	»	»	»
TOTAL : 20 officiers........	603	hommes tués ou blessés.		

Batteries divisionnaires du rég. d'art. de Westph. N° 7 :

3 lieutenants, 24 hommes tués ou blessés.

Régiment de hussards du Hanovre, N° 15 :

1 homme blessé.

Ambulance N° 2.

1 lieutenant blessé.

Du VIIIe Corps.

Régiment de fusiliers de Hohenzollern, N° 40 :

Major SIMON, blessé.	Capitaine DE BLOMBERG, blessé.
Capitaine LÜTKE, blessé.	Capitaine KRUG, blessé.
Capitaine SCHÜTZ, blessé.	3 lieutenants tués.
Capitaine KOSCH, blessé.	15 lieutenants blessés.

1er bataillon........	176	hommes tués ou blessés.		
2e »	99	»	»	»
3e »	188	»	»	»
TOTAL : 24 officiers........	463	hommes tués ou blessés.		

Batteries divisionnaires du régiment d'artillerie du Rhin, N° 8 :

10 hommes tués ou blessés.

Régiment de hussards du Rhin, N° 9.

5 hommes tués ou blessés.

5e Division d'infanterie.

9e BRIGADE.

Régiment des grenadiers gardes du corps (1er rég. de Brand.), N° 8 :

Capitaine DE SACK, blessé.   1 lieutenant tué, 7 blessés.

Pour les 3 bataillons : 9 officiers, 377 hommes tués ou blessés.

5e Régiment d'infanterie de Brandebourg, N° 48 :

Major DE KLINGUTH, tué.	Capitaine DE KAMEKE, blessé.
Capitaine WERNER, tué.	Capitaine DALLMER, blessé.
Capitaine DE KRACHT, tué.	Capitaine STÜLPNER, blessé.
Capitaine GROSS, tué.	13 lieutenants blessés.

1er bataillon........	191	hommes tués ou blessés.		
2e »	166	»	»	»
Bataillon de fusiliers.	222	»	»	»
TOTAL : 20 officiers........	579	hommes tués ou blessés.		

10ᵉ Brigade.

2ᵉ Régiment de gren. de Brand. (Prince Charles de Prusse), N° 12 :

Colonel DE REUTER, blessé.   Capitaine FLESSING, blessé.
Major JOHOW, tué.   Capitaine DE FROMBERG, blessé.
Capitaine D'OPPEN, tué.   Capitaine BÖNKE, blessé.
Capitaine ROGGE, blessé.   5 lieutenants tués, 19 blessés.

    1ᵉʳ bataillon........ 354 hommes tués ou blessés.
    2ᵉ   »   203   » » »
    Bataillon de fusiliers 219   » » »
  TOTAL : 31 officiers......... 776 hommes tués et blessés.

(Ce régiment est celui qui perdit le plus de monde, quoiqu'il fût arrivé sur le champ de bataille après le commencement de l'action.)

6ᵉ Régiment d'infanterie de Brandebourg, N° 52 :

2 lieutenants tués.   1 lieutenant blessé.

    1ᵉʳ bataillon........ 59 hommes tués ou blessés.
    2ᵉ   »   26   » » »
    Bataillon de fusiliers. 32   » » »
  TOTAL : 3 officiers.......... 117 hommes tués ou blessés.

Bataillon de chasseurs de Brandebourg, N° 3 :

Major D'IENA, blessé.   1 lieutenant tué.
    55 hommes tués ou blessés.

Batteries divisionnaires du régiment d'artillerie de Brand. N° 3 :

Major DE LYNKER, blessé.   2 lieutenants blessés.
    55 hommes tués ou blessés.

2ᵉ régiment de dragons de Brandebourg, N° 12 :
    1 homme blessé.

Pertes près de Forbach.

Bataillon de chasseurs de Westphalie, N° 7 :

Capitaine DE KUSSEROW, blessé.
    7 hommes tués ou blessés.

6ᵉ Régiment d'infanterie de Westphalie, N° 55 :

Capitaine KRÜCKEBERG, blessé.   2 lieutenants blessés.

    1ᵉʳ bataillon........ 53 hommes tués ou blessés.
    2ᵉ   »   232   » » »
    Bataillon de fusiliers. 151   » » »
  TOTAL : 3 officiers.......... 436 hommes tués ou blessés.

OBSERVATIONS.

Dans « *La campagne de 1870, etc,* » nous trouvons ce qui suit, concernant la situation des Français près de Spicheren :

« Le 24 ou le 25 juillet, quatre de nos corps étaient prêts à entrer en ligne :
» le 4e à Thionville, le 3e à Boulay, le 2e à Forbach, le 5e à Bitche ; la garde
» formait la réserve à Metz.

» L'empereur, ou plutôt le major-général, perdit dans l'immobilité la plus
» complète 6 ou 7 jours, cependant bien précieux.

(De l'avis de l'auteur, il aurait dû se porter immédiatement sur la Sarre qui, à ce moment, n'était pas encore occupée.)

» On avait pris les plus grandes précautions de prudence, bien inutiles à ce
» moment, puisqu'on n'avait presque personne devant soi : On voulait à tout
» prix un premier succès.

(C'est ainsi qu'eut lieu l'affaire du 2 août.)

» Après le 2 août, le corps de Bazaine fut réparti comme suit : la 1e division
» alla à Sarreguemines, renforcer la brigade Lapasset ; la 2e division se rendit
» à Puttelange, et les deux autres (3e et 5e) restèrent entre St-Avold et Marienthal.

» La garde, pendant ce temps, s'était avancée de Metz sur Boulay.

» C'est dans ces conditions que le 2e corps fut attaqué le 6 août au matin,
» dans la position qu'il avait prise sur les hauteurs de Spicheren.

» La division Laveaucoupet était au nord du village du même nom, à droite
» de la route de Forbach à Sarrebruck. La division Vergé était à gauche de la
» route, à hauteur de l'usine de Stiring. La division Bataille, en arrière sur le
» plateau d'Etzlingen.

» L'action était engagée depuis trois heures, que le général Frossard, croyant
» probablement que ce n'était qu'une affaire d'avant-postes, réglait chez le maire
» de Forbach des questions plus que secondaires.....

» La 13e division força une des divisions du corps de Bazaine, qui marchait
» au secours de Frossard, à se retirer sur St-Avold.

» La division Montaudon avait quitté Sarreguemines vers 4 heures, et s'était
» retirée sur la 2e division qui se promena toute la journée, tantôt tournant le
» dos au canon, vers Sarreguemines, un peu plus tard dans la direction de Sarre-
» bruck. On dit que le maréchal Bazaine fit demander le matin du combat au
» général Frossard s'il avait besoin de sa coopération et que celui-ci l'avait remercié.

Ici l'auteur ajoute cette réflexion :

» Dans pareille circonstance, il n'y a rien à demander et le devoir impérieux
» de tout chef est de marcher quand même au canon. »

XI.

Bataille de Woerth.

La défectuosité du plan de campagne de l'armée française est prouvée plus encore par l'isolement dans lequel avait été laissée, à Wissembourg, la division Douay, qui, pour les raisons que nous avons énoncées précédemment, se trouvait dans l'impossibilité d'être secourue en temps opportun, que par la disposition des troupes impériales près de Spicheren.

Il est certain que le 4 août, les chefs français furent bien plus surpris de l'apparition des masses allemandes à la frontière, que deux jours après, de leur arrivée sur la Sarre. Mais c'est précisément quand on est imparfaitement renseigné sur le compte de l'ennemi, que la prudence commande de ne pas s'avancer inconsidérément, ou bien de soutenir fortement les détachements écartés.

A Spicheren, le corps Frossard pouvait au moins être renforcé par trois divisions. Mais la division qui occupait Wissembourg y était parfaitement isolée, les stratégistes français se fiant à la solidité de sa position, au lieu de considérer qu'une force tactique aussi importante ne peut produire d'effets utiles, que pour autant qu'elle soit convenablement reliée à d'autres détachements en situation de l'appuyer.

Il est vrai que le commandement éventuel de la 2ᵉ division (Douay) avait été confié au général Ducrot, commandant la 1ᵉ division. Mais cette mesure était insuffisante, car ce général demeura à Woerth pendant que le général Douay se faisait battre, et quoique celui-ci l'eût informé des renseignements que lui avaient fournis les habitants sur l'approche des colonnes allemandes (voyez *La campagne de 1870 etc.*)

Si le général Ducrot, au lieu d'être investi d'un commandement éventuel, avait été responsable, comme le sont nos commandants de corps d'armée, il est probable qu'il se fût montré moins indifférent au sujet de la position critique dans laquelle se trouvait la division Douay, et qu'il eût marché à son secours.

Le cas, d'ailleurs, n'était pas unique : Mac-Mahon n'avait pas sous ses ordres directs le Vᵉ corps (de Failly) à Bitche, quoiqu'il appartint à l'armée de Châlons, dont le maréchal avait obtenu le commandement. Outre le sien, il ne pouvait disposer que du VIIᵉ corps (Douay F.). Encore une division de ce corps avait-elle entrepris, sur des indications erronées, un mouvement stratégique important au sud de Strasbourg, sans que l'ordre en fût émané du maréchal.

C'est ainsi que l'indépendance dont les chefs subalternes avaient été revêtus par l'état-major général de l'empereur, amena des flottements dans la direction stratégique et nuisit à la justesse des déterminations prises par les commandants supérieurs.

Ajoutons encore que des intervalles considérables séparaient les différentes parties d'un même corps d'armée, bien que réunies dans un seul commandement. L'exemple des Prussiens n'avait pas encore enseigné aux commandants de l'armée française, qu'en disséminant ses forces pour couvrir une grande étendue de pays, une irruption en masses sur un point donné dont on veut s'assurer la possession, devient très-difficile, et que d'ailleurs ces précautions sont inutiles pour atteindre le but.

Ainsi, deux divisions du Ier corps occupaient, au début, les environs de Strasbourg, tandis que les deux autres se trouvaient près de la frontière du Palatinat, de sorte que ce corps, d'après le tracé des limites territoriales, devait se mouvoir dans deux directions tout-à-fait différentes.

Cette disposition des troupes était au moins singulière, et d'autant plus incomplète que le VIIe corps, également disséminé le long de la frontière, était fort éloigné du Ier. Il résulte clairement de là, que le commandant en chef poursuivait à la fois deux idées stratégiques, ce qui ne faisait qu'ajouter à son irrésolution.

Le VIIe corps avait encore pour mission de protéger le sud de l'Alsace, alors que les deux dernières divisions du Ier corps avaient été disloquées et dirigées, comme les deux autres, de Strasbourg vers le nord ; c'était un commencement à l'exécution des projets de Mac-Mahon, qui (ainsi que nous le savons par son rapport officiel) songeait à se rapprocher du gros de l'armée, vers Bitche. En pareilles circonstances, l'approche de l'ennemi doit évidemment exercer une influence fâcheuse sur les décisions du général commandant, forcé d'engager sa responsabilité sur des données contradictoires. Ceci explique pourquoi Mac-Mahon n'a consacré immédiatement toutes ses forces à l'exécution d'aucun des deux plans en présence, lesquels consistaient, le premier à défendre l'Alsace et les passages des Vosges, le second à rallier, vers Bitche, le gros de l'armée, afin de concourir éventuellement aux opérations offensives.

Ce fut avec peine qu'il réussit, après le combat de Wissembourg, à se faire envoyer par chemin de fer, une division (Dumesnil) du VIIe corps, destinée à renforcer le sien, et qu'il se décida à livrer bataille avec ces troupes réunies.

Il était à supposer que le maréchal, instruit par l'expérience de Wissembourg, et après avoir minutieusement pesé ses forces, montrerait une double énergie dans l'exécution de son projet, fermement adopté cette fois, afin de rétablir l'équilibre dans la situation.

Mais nous voyons, au contraire, une certaine insouciance présider à ses dispositions stratégiques. Ne pouvait-il demander à Napoléon, le 4 août au soir, par le télégraphe, l'adjonction immédiate du Ve corps? Dans ce cas, il eût été à même d'empêcher l'inertie du général de Failly, et de le forcer à intervenir au moment voulu. Ce ne fut pourtant que le 5 au soir (voyez *La campagne de 1870, etc.*), que le maréchal reçut une dépêche de l'empereur, lui annonçant que ce corps était mis à sa disposition. Ce renfort *inespéré* le satisfit complétement; on dit qu'après avoir pris ses dispositions pour l'établissement de ses forces dans la formidable position de Woerth, il s'écria tout joyeux : « *Messieurs les Prussiens, je vous tiens!* »

Mac-Mahon croyait fermement aux paroles qu'il prononçait. Toutefois, le corps de Failly ne paraissant pas, il ordonna au génie de couper tous les ponts de la Sauer entre Woerth et Bruchmühle. Mais une heure plus tard il les fit conserver, et abandonna en même temps l'intention de livrer une bataille purement défensive; il entrevit la possibilité d'un succès et d'une offensive hardie comme conséquence.

Nous lisons ce qui suit, dans l'ouvrage plusieurs fois mentionné, à propos de l'inaction du corps de Failly :

« Le général de Failly avait reçu le 5 au soir, vers
» 9 heures, les instructions du maréchal Mac-Mahon qui
» lui prescrivaient de le rejoindre aussitôt que possible.
» Au lieu de partir immédiatement avec tout son corps
» d'armée, moins la brigade de Sarreguemines, pour re-
» joindre le Ier corps, il se contenta d'adresser pour le
» lendemain un ordre de départ à la 3e division. »

» Le général de Lespart se mit en route le 6 au matin ;
» mais, quelques heures après, le général de Failly, craignant
» d'être attaqué lui-même du côté de Deux-Ponts, lui envoya
» un contre-ordre, lui prescrivant de s'arrêter : ces troupes
» se trouvaient alors à Philippsburg, à 15 kilomètres au
» maximum du théâtre du combat. Un officier du génie,
» chargé d'instructions spéciales et envoyé par le maréchal
» dans la matinée, arriva vers 1 heure à Bitche et remit
» sa dépêche au général de Failly. Celui-ci observa qu'il
» était dans l'impossibilité d'effectuer le mouvement qu'on
» lui demandait, que son corps était disséminé, qu'il avait
» une brigade à Sarreguemines qu'il ne pouvait abandonner,
» que la division de Bitche protégeait son artillerie de ré-
» serve, etc.

» Cependant, sur la représentation qui lui fut faite que
» la division de Lespart n'était qu'à 4 lieues du champ de
» bataille, il se décida à lui envoyer l'ordre de se porter
» en avant. Elle déboucha tout juste à temps pour pouvoir
» un peu protéger la retraite des troupes de Mac-Mahon. »

Triste exemple de la mollesse des commandants supérieurs !

Considérons, en regard des particularités que nous avons esquissées, la rapidité de la mobilisation allemande, la détermination avec laquelle nos chefs s'étaient résolus à jeter dans l'Alsace les forces concentrées de la IIIe armée, ajoutons à ceci la discipline et la bravoure de nos soldats, et nous trouverons un contraste frappant, auquel il faut attribuer entièrement les résultats des premières rencontres entre les deux armées belligérantes.

Connaissant l'intention du maréchal Mac-Mahon, de disputer aux Allemands le territoire de l'Alsace, il nous reste à examiner l'importance stratégique de la position de *Woerth-Froschweiler*, dans laquelle il se proposait d'attendre l'ennemi.

Il est nécessaire, toutefois, de connaître auparavant les motifs qui en avaient déterminé le choix. Le maréchal, dans son rapport à l'empereur, dit qu'après avoir été forcé d'évacuer Wissembourg, il avait choisi cette position, pour défendre le chemin de fer de Strasbourg à Bitche et les routes principales qui relient les versants est des Vosges à ceux de l'ouest.

Sans doute, nous reconnaissons que cette position, outre la solidité qu'elle présentait sous le rapport tactique, devait également répondre aux espérances que Mac-Mahon, comptant sur le succès, plaçait en elle au point de vue stratégique. Cependant la préférence du maréchal est sujette à la critique. La position de Woerth défendait, il est vrai, le chemin de fer de Bitche ; mais en cas de revers, cette ligne, dirigée plutôt vers l'extérieur que vers l'intérieur, était trop courte pour servir à la retraite. La perte de cette position livrait en outre tous les passages des Vosges, notamment celui de Saverne, le plus important de tous, parce qu'il devenait alors impossible aux troupes françaises de se maintenir dans les autres positions qui se trouvaient en arrière.

L'auteur français dont nous avons reproduit plusieurs appréciations, estime que le maréchal Mac-Mahon eût mieux fait de sacrifier les avantages tactiques de cette position, et de défendre les Vosges en y établissant méthodiquement son armée.

Une esquisse à grands traits que nous donnerons du champ de bataille de Woerth, démontrera que sous le rapport tactique, cette position offrait à peu près toutes les garanties désirables. (V. carte IV.)

Le 5 août, le maréchal Mac-Mahon avait établi son quartier général au château impérial de *Froschweiler*, entouré d'un parc magnifique. Le village même, clef de la position ennemie, fut le théâtre de combats extrêmement meurtriers, après que les Allemands, passant sur des monceaux de cadavres, eussent escaladé les hauteurs à l'ouest de Woerth.

Froschweiler est situé à la fois sur le plateau couronnant les hauteurs qui s'élèvent comme une forteresse naturelle entre l'*Eber* et la *Sauer*, et sur la grande chaussée qui mène aux passages des Vosges. Ce plateau, dans une situation excellente pour la défense de ces passages, était assez étendu pour recevoir des forces considérables.

Mac-Mahon établit son armée sur ces hauteurs, fort élevées, et dont les versants du côté de la Sauer étaient beaucoup plus raides que ceux du bord opposé de ce ruisseau, par lequel les Allemands devaient arriver pour marcher à l'attaque de la position. Seuls, les versants du Hochwald, au nord du village de Görsdorf, s'élevaient en pentes rapides sur le bord Est du ruisseau.

Mac-Mahon avait moins à se préoccuper de ces escarpements que de la route venant de Lembach, qui aboutissait à la rive de la Sauer, de notre côté. Il eût fallu, par conséquent, étendre jusqu'à *Langensoultzbach* le front des lignes françaises, ce qui aurait considérablement affaibli les réserves. Le maréchal préféra donc s'établir plus en arrière, en assurant son flanc contre une attaque partant de ce village. C'était l'endroit faible de la position, et Mac-Mahon, dès le début de la bataille, se vit obligé d'apporter certaines modifications aux dispositions qu'il avait prises d'abord, afin de se garantir davantage de ce côté.

Les masses prussiennes, ne pouvant déboucher des montagnes par la route de Lembach, si des colonnes plus fortes encore n'arrivaient par la chaussée de Soultz, qui domine la vallée du Rhin, l'espace compris entre les villages de *Görsdorf* et de *Dürrenbach* était le terrain probable sur lequel l'armée allemande devait déployer le gros de ses forces.

En examinant la carte, nous remarquons qu'une attaque de flanc sur la droite de la position eût considérablement embarrassé la retraite de l'ennemi, si une attaque de front avait été suivie d'un premier résultat; mais la nature du terrain ne permettait pas de tenter immédiatement cette entreprise. Toutefois, il était indispensable que l'aile droite de l'armée française fût fortement appuyée, car nos colonnes principales pouvaient aborder la position aussi bien par *Günstett* que par *Preuschendorf*.

La solidité de la position de Froschweiler, considérée comme la clef des Vosges, était augmentée encore par deux autres avantages topographiques. Le premier résidait dans la situation de la petite ville de *Woerth*, éminemment favorable à l'établissement d'un poste avancé. Cette localité, d'une population de 5 à 6,000 âmes, était traversée par la grand' route, avec un large pont sur la Sauer. En second lieu, le village d'*Elsashausen* protégeait, sur la droite de la position, les approches du village de Froschweiler, derrière lequel s'étendait, vers le sud-ouest, un grand bois particulièrement propre à couvrir une retraite s'opérant par ce point.

Les pentes rapides qui s'élevaient à l'est de la Soultz, étaient couvertes de vignobles dans lesquels les tirailleurs français, en grandes bandes, pouvaient se dissimuler et commander de là, grâce à la longue portée des chassepots, tout le terrain qui s'étendait en avant.

Outre la facilité d'élever des retranchements, les Français, vu la grande surface du plateau, pouvaient utiliser leur cavalerie, tandis qu'il était presqu'impossible à l'assaillant, de gravir, sauf par les routes, les versants escarpés qui limitaient la position. L'ennemi, fidèle à sa nouvelle tactique, s'était mis avec la plus grande ardeur à se creuser des tranchées-abris.

Afin de ne pas donner une trop grande extension à sa ligne de bataille, et à cause de l'insuffisance de ses forces, qui l'avait obligé déjà à évacuer le plateau de Günstett, Mac-Mahon renonça à occuper le village de *Morsbronn*. Cette précaution, d'ailleurs, ne paraissait pas indispensable au point de vue tactique, puisque l'ennemi ne pouvait approcher de ce point que par de grands détours, en franchissant la Sauer et le Biber.

Nous avons encore à faire remarquer que plusieurs des villages situés sur le champ de bataille, étaient assez étendus, et possédaient des constructions très-favorables à la défense.

Par la description topographique qui précède, nous voyons donc que les Français s'étaient établis dans une position exceptionnellement forte, pour y attendre, derrière leurs retranchements, le choc des masses allemandes.

Leurs avant-postes, avant que l'approche de nos troupes ne fût signalée, occupaient, au-delà de Woerth, les hauteurs à l'est de la Sauer.

Avant de reproduire, d'après le rapport du maréchal Mac-Mahon, certains détails sur la force et la disposition de son armée, nous nous occuperons du mouvement exécuté par l'armée du prince royal.

Après que les Français, à la suite de la défaite de Wissembourg, se furent retirés dans les bois et les montagnes, le prince prit les dispositions nécessaires pour poursuivre l'offensive, et aborder l'ennemi partout où il chercherait à s'établir.

Le front de l'armée allemande avait dû être maintenu au sud, à cause des forces importantes qui pouvaient encore s'avancer de Strasbourg. D'après les rapports des troupes qui avaient poursuivi la division battue, celle-ci devait s'être retirée vers l'ouest, direction dans laquelle la IIIe armée avait à se mouvoir, d'après les instructions qu'elle avait reçues.

Cette armée s'avança donc, le 5 août, dans l'ordre suivant (voyez carte IV, *routes*) :

1° Le *IIe corps bavarois*, commandé par le général *de Hartmann*, resta à l'aile droite, et se dirigea par la route qui passe au nord, entre le Hochwald et la partie supérieure du bois de Mundat, vers *Lembach*, point où la route de Reichshofen se bifurque vers Bitche par Stürtzelbronn.

2° Le *V[e] corps*, sous les ordres du général *de Kirchbach*, qui avait conservé son commandement malgré sa blessure, marcha dans la direction de Woerth jusqu'à *Preuschendorf*, afin d'observer la route de Reichshofen.

3° Le *XIe corps*, général *de Bose*, s'avança vers *Soultz* avec le quartier général de l'armée, et resta face au sud pour surveiller la route et le chemin de fer de Hagenau.

4° Le *corps Werder*, devant lequel le détachement ennemi occupant Seltz s'était retiré sans combattre, dut appuyer à droite pour se rapprocher du centre, et prit position à *Aschbach*, front vers la forêt de Hagenau ; un petit détachement était chargé de couvrir sa gauche.

5º La *4ᵉ division de cavalerie*, sous le commandement du *prince Albrecht*, s'avança, comme cavalerie de réserve, sur la route de Wissembourg à Soultz jusqu'à *Schönenbourg*.

6º Le *Iᵉʳ corps bavarois*, général *von der Tann*, se dirigea, comme réserve générale, sur la même route jusqu'à *Ingolsheim*.

Les informations recueillies pendant la journée nous apprirent qu'aucune troupe française ne se trouvait en ce moment dans la direction sud, mais que l'ennemi était réuni en masses compactes près de *Woerth*, et que des renforts lui arrivaient par le chemin de fer.

Les avant-postes français, voyant paraître près de Preuschendorf l'avant-garde du Vᵉ corps, commandée par le général de Walther, se retirèrent au-delà de la Sauer, et les avant-postes prussiens furent établis, vers le soir, sur les hauteurs entre ce village et le ruisseau, d'où ils distinguaient les feux des bivacs ennemis.

A la suite des renseignements obtenus, le prince royal ordonna pour le lendemain un changement de direction à droite :

Le *IIᵉ corps bavarois* et le *Vᵉ corps*, formant le pivot, conservèrent leurs emplacements. Toutefois, il fut permis au premier d'avancer sur Woerth, pour autant qu'il pût le faire sans se compromettre.

Le *XIᵉ corps* devait se porter de Soultz à *Hölschloch* et *Surbourg*, en faisant face vers Günstett.

Le *corps Werder* devait bivaquer près de *Hohwiller* et *Reimerswiller*.

La *4ᵉ division de cavalerie* demeura à *Schönenbourg*.

Le *Ier corps bavarois* reçut l'ordre de marcher, comme réserve, immédiatement derrière le Ve corps, d'Ingolsheim à *Preuschendorf* par Lobsann et Lampertsloch.

Comme il n'était pas décidé que l'ennemi serait attaqué le 6 août, le quartier général de l'armée resta fixé à *Soultz*. Cependant, les dispositions que nous venons d'indiquer avaient suffisamment réuni l'armée pour une marche concentrée.

Les mouvements ordonnés furent exécutés le 6 au matin. Les intervalles entre les corps se trouvèrent ainsi fortement resserrés, de sorte que toute l'armée, rassemblée dans un espace relativement petit, pouvait, en cas d'engagement, combiner ses mouvements dans un but unique.

Il était encore nécessaire, pourtant, de conserver une disposition qui permît en même temps de faire éventuellement face au sud. Toutefois, si le 7 août l'ennemi demeurait invisible dans cette direction, la IIIe armée pouvait déployer toutes ses forces pour marcher vers l'ouest.

Mais le 6, dès le point du jour, de petites rencontres avaient lieu à l'aile droite, et bientôt il n'y eut plus à douter qu'une grande bataille se livrât pendant la journée.

Après avoir rallié la division battue à Wissembourg, le maréchal Mac-Mahon avait réuni les quatre divisions du Ier corps, ainsi que l'artillerie et la division de cavalerie qui y étaient attachées ; son rapport fait mention, en outre, de la 1e division du VIIe corps, arrivée le 5 au soir à Reichshofen, par chemin de fer, et d'une division de cuirassiers de la réserve générale de cavalerie. Les rapports français ne parlent pas des renforts partiels qui auraient été fournis par le Ve corps (Bitche) et par le VIe (Nancy), et que l'on dit être arrivés plus tard ; quoi qu'il en soit, ce ne pouvaient être que de petits détachements.

L'effectif total de l'armée de Mac-Mahon, à Woerth, s'élevait à 60 ou 65,000 hommes environ ([1]). Occupant avec des forces aussi imposantes une position formidable, le maréchal croyait, avec la conviction la plus profonde, être à même de soutenir le choc d'une armée bien supérieure en nombre.

En résumé, le prince royal avait donc devant lui une position dont les avantages topographiques avaient été rehaussés par des ouvrages de fortification, et occupée par des troupes six fois plus nombreuses qu'à Wissembourg, ayant une revanche à prendre, et commandées par un chef réputé le plus habile de l'empire.

La *4e division*, sous les ordres du général *de Lartigue*, formait l'aile droite de l'armée française. La 1e brigade de cette division occupait le versant et le sommet de la hauteur vis-à-vis du village de *Günstett*. La 2e brigade, composée de 6 bataillons de troupes africaines, se trouvait disposée de la même manière en face du village de *Morsbronn*.

La *3e division*, commandée par le général *Raoult*, était rangée à gauche de la précédente. La 1e brigade était établie au nord-est de *Froschweiler*, derrière une ligne de retranchements partant du sommet de la hauteur et se prolongeant sur la pente vers Görsdorf. La 2e brigade s'appuyait à gauche au village de *Froschweiler*, et à droite à celui d'*Elsashausen*. Cette brigade, également composée de 6 bataillons de troupes d'Afrique, commandait les es-

---

[1] Les auteurs français évaluent très-partialement la force des 5 divisions de Mac-Mahon à 40,000 hommes. Or, il est notoire qu'un grand nombre de bataillons comptaient un effectif de plus de 800 hommes, ce qui fait, pour l'infanterie seule, un total de 40,000 combattants. En ajoutant la force des autres armes, et les renforts d'infanterie arrivés par chemin de fer pendant la journée, notre estimation doit prévaloir.

carpements rapides qui s'abaissaient du côté de Woerth, point dont nous avons déjà signalé l'importance tactique, et que la division du centre avait fait occuper par de forts détachements.

Par sa position au pied même des pentes, cette ville commandait toute la vallée, et défendait l'accès des hauteurs.

La *1ᵉ division (Ducrot)*, forte de 13 bataillons, formait l'aile gauche. La 1ᵉ brigade se trouvait en avant de *Froschweiler*, front vers Langensoultzbach ; la 2ᵉ brigade, à gauche de la 1ᵉ et appuyée au bois, occupait la route de *Reichshofen*. Deux compagnies avaient été jetées vers *Jägerthal* et *Neuweiler*.

La *1ᵉ division du VIIᵉ corps (Dumesnil)*, également forte de 13 bataillons, était établie près du village d'*Eberbach*, en arrière de la division de Lartigue.

La *2ᵉ division du Iᵉʳ corps*, qui avait combattu à Wissembourg, était placée, comme réserve d'infanterie, en arrière du centre de la position.

A proximité de cette division et dans la vallée, se trouvaient massées la *brigade de cavalerie de Septeuil* (hussards et chasseurs) et la *division de cavalerie de réserve* du général *Bonnemains*, composée de 4 régiments de cuirassiers. La *brigade de cuirassiers Michel*, appartenant au Iᵉʳ corps, devait s'établir en arrière de l'aile droite.

Mac-Mahon avait son quartier général près de *Froschweiler*.

A 7 heures du matin, le maréchal fut informé des petites affaires d'avant-postes qui avaient lieu ; mais bientôt, et d'après son propre rapport, la vivacité de la canonnade et les feux de tirailleurs dirigés contre les 1ᵉ et 3ᵉ divisions ([1]), lui firent craindre que l'armée allemande ne manœuvrât pour tourner sa position.

([1]) Par la division bavaroise Bothmer, et l'avant-garde du Vᵉ corps.

Il fit avancer, en conséquence, la 1ᵉ division jusque sur la ligne de front générale ; Woerth était déjà fortement occupée par les troupes détachées du centre (¹).

Le rapport du maréchal Mac-Mahon reste muet sur ce qui se passa jusqu'à midi ; il se contente d'affirmer que jusqu'à cette heure, sa position ne fut nullement ébranlée.

Nous allons suivre maintenant les opérations de l'armée allemande, jusqu'au moment où le maréchal vit sombrer tout espoir de succès.

Pendant que s'exécutait, le 6 août de grand matin, le changement de front ordonné par le prince royal, les avant-postes du *Vᵉ corps*, établis à hauteur de Woerth, et ceux du *IIᵉ corps bavarois* escarmouchaient, depuis 4 heures du matin, avec les tirailleurs français. Ce dernier corps avait fait avancer la *division Bothmer* de Lembach vers *Langensoultzbach* par Mattstadt, et les têtes de colonne de cette division s'étaient rencontrées avec les avant-postes ennemis. Ces engagements partiels furent prolongés par

(marginalia : 4 heures matin.)

(¹) L'auteur de *La campagne de 1870*, etc. rapporte :

« Le maréchal Mac-Mahon, informé par le général Ducrot, se porta vers son
» aile gauche pour observer ce qui se passait. Il déclara que l'ennemi ne pouvait
» s'être déjà autant avancé, que c'était évidemment une simple démonstration,
» que la bataille ne serait que pour le lendemain ; et séance tenante, il fit
» rédiger des instructions dans ce sens pour le général de Failly. Un officier du
» génie, connaissant très-bien la localité, fut chargé de porter cette dépêche :
» il partit de Froschweiler à 9 h. 30, et ne voulant pas suivre la vallée de
» Niederbronn qui était probablement occupée par les éclaireurs ennemis, il prit
» en arrière de Reichshofen une vallée secondaire et arriva à Bitche vers
» 1 heure, après avoir fait environ 50 kilomètres.

(Nous avons déjà vu à quoi aboutit sa mission.)

» Pendant ce temps, l'action devenait de plus en plus vive, et le maréchal
» put bientôt se convaincre qu'il n'avait pas affaire à une reconnaissance d'avant-
» garde.

» La division Ducrot, fortement pressée par le IIᵉ corps bavarois, était obligée
» de faire un changement de front en arrière sur son aile droite, *pour empêcher
» l'ennemi de tourner notre position du côté de Neuweiler.* »

les Prussiens et par les Bavarois sans qu'il y eût intelligence entre eux ; il est vrai que ces deux corps n'avaient d'autre guide que le bruit de la fusillade.

Le feu de ces avant-postes ayant produit un certain mouvement dans les masses françaises, le général *Walther de Montbary*, commandant la *20ᵉ brigade d'infanterie* et les avant-gardes prussiennes, supposa que l'ennemi se préparait à la retraite, et envoya en reconnaissance un bataillon du *régiment N⁰ 37*, soutenu par les batteries d'avant-garde.

Bientôt l'avant-garde de la division Bothmer, suivant cet exemple, fit également appuyer par de l'artillerie, les lignes de ses tirailleurs. Il en résulta, près de *Langensoultzbach*, un combat violent. Sur ces entrefaites, le Vᵉ corps avait éteint son feu, et le bataillon prussien qui avait été poussé en avant, s'était replié.

Le général *de Kirchbach*, s'étant assuré de la force approximative de l'ennemi, et de l'étendue de sa ligne de bataille, de Froschweiler à Morsbronn, avait donné l'ordre de cesser le combat, parce que, d'après les instructions du prince royal, l'attaque décisive ne devait être prononcée que le lendemain.

Le prince royal, qui venait d'être informé de ce qui se passait, persista dans ses premières intentions, estimant que l'exécution des dispositions ordonnées pour le 7 août, plaçait l'armée dans des conditions bien plus favorables pour livrer bataille.

Cependant le combat soutenu par les Bavarois était devenu trop sérieux pour qu'ils pussent facilement se dégager. D'un autre côté, la tête du *XIᵉ corps* qui venait d'arriver près de *Günstett*, entendant le canon, ouvrit le feu à son tour.

Le général de Kirchbach se vit alors forcé, avant même d'avoir reçu avis de la décision du prince, de laisser les événements suivre leur cours.

Le général fit d'abord reprendre les hostilités par l'artillerie de l'avant-garde de son corps, jusqu'à ce que l'artillerie du corps eût atteint les hauteurs à l'est de Woerth, et que toute celle du V® corps eût commencé à canonner le centre de la position ennemie.

10 heures. A 10 heures, 14 batteries prussiennes donnaient de tous leurs feux ([1]).

La division Bothmer, qui s'était avancée contre Woerth par Langensoultzbach, s'était retirée en combattant vers ce village, lorsque le V® corps eût éteint son feu après la reconnaissance dont il a été question.

Les troupes épuisées de cette division s'étaient égarées en partie ; le commandant du corps ordonna de les faire relever par la *division Walther*. Mais cette division se trouvait encore assez fort en arrière, de sorte que le V® *corps* resta *seul* en face du centre et du flanc gauche de la position de Woerth-Froschweiler, où l'ennemi avait établi des forces imposantes.

Entretemps, le général de Kirchbach avait fait avancer son infanterie et l'avait placée à cheval sur la route de Preuschendorf à Woerth, l'infanterie de l'avant-garde *(20® brigade)* et le restant de la *10® division d'infanterie*, général *de Schmidt* ([2]), en première ligne, la *9® division d'infanterie*, général *de Sandrart*, en seconde ligne.

L'attaque fut prononcée par le *régiment d'infanterie de Westphalie, N° 37*, commandé par le colonel *de Heine*,

---

([1]) « L'artillerie ennemie, » dit l'auteur de *La campagne de 1870*, etc., « était nombreuse et accablante de justesse. »

([2]) En 1866, commandant de la 16® brigade d'infanterie.

et le *3e régiment d'infanterie de Basse-Silésie, No 50*, sous les ordres du colonel *Michelmann* : Le général de Walther reçut l'ordre de se porter avec ces régiments contre *Woerth*, de s'emparer de la ville, et de s'établir, si possible, sur les mamelons en avant des hauteurs. (Vis-à-vis de la 3e division du corps Mac-Mahon.) (¹)

Le village de *Günstett* resta occupé par deux compagnies et deux escadrons du Ve corps.

L'artillerie ennemie, placée sur les hauteurs, avait démasqué une à une toutes ses batteries.

Avant de suivre la brigade Walther dans les rues de la ville, et de faire assister le lecteur aux combats sanglants qui s'y livrèrent, nous avons à nous occuper du *XIe corps* et des mouvements qu'il avait exécutés jusqu'à ce moment.

Le général *de Schachtmeyer* (²), conformément à l'ordre du prince royal se trouva à *Hölschloch* à 7 heures du matin, avec la *21e division d'infanterie*, entendit que le combat était engagé à l'aile droite, et aperçut un camp français sur la hauteur à l'ouest de Günstett.

Cette division avait déjà établi ses bivacs, et n'avait pas marché au canon parce qu'il ne se faisait entendre que par intermittences. Mais la canonnade étant devenue plus vive, le général fit avancer son avant-garde (*41e brigade d'infanterie*) dans la direction *Günstett* par le Niederwald, à la lisière occidentale duquel elle se rangea en bataille. Un bataillon de cette brigade fut envoyé pour soutenir les

---

(¹) L'auteur de *La campagne de 1870, etc.* dit :
« Le Ve corps prussien prononçait de plus en plus son mouvement vers le
» centre, sur Woerth. Quoique très-vive, cette attaque n'était qu'une démons-
» tration. »

(²) En 1866, le général de Schachtmeyer commandait une brigade de la division de Beyer, appartenant à l'armée du Mein.

troupes du Ve corps qui occupaient Günstett, pendant que l'*artillerie divisionnaire* se dirigeait rapidement à travers le Niederwald sur le même point, afin d'y prendre position. (En face de la 4ᵉ division du corps Mac-Mahon.)

La *22ᵉ division*, général *de Gersdorf* (¹), qui avait eu un plus long trajet à parcourir, n'était arrivée qu'à 9 heures à *Surbourg*, emplacement qui lui était assigné.

Le général de Schachtmeyer lui transmit immédiatement des instructions émanant du général *de Bose*, commandant du XIᵉ corps, à la suite desquelles la *43ᵉ brigade (6ᵉ régiment d'infanterie de Thuringe, N⁰ 95, et 2ᵉ régiment, N⁰ 32)*, accompagnée de l'artillerie de la division hessoise, se mit également en marche pour *Günstett*, en longeant la lisière sud du Niederwald.

Elle fut bientôt suivie, sur la même route, par la *44ᵉ brigade (5ᵉ régiment d'infanterie de Thuringe, N⁰ 94 [Grand-duc de Saxe], et 3ᵉ régiment d'infanterie de Hesse, N⁰ 83)*.

L'aide de camp du duc de Meiningen (attaché à la IIIᵉ armée) était parti en même temps que la 43ᵉ brigade, pour informer le général *de Werder* de la situation. Cet officier remplit sa mission vers 11 heures, et le général dirigea aussitôt sur *Günstett* par Surbourg, avec une artillerie considérable, la *2ᵉ brigade*, général *Starkloff*, et la *brigade de cavalerie*, général *comte Scheler*, de la division wurtembergeoise (général d'Obernitz), qui se trouvaient à Reimerswiller.

Le surplus des troupes du corps Werder (Badois et

(¹) Il commandait, en 1866, la 11ᵉ brigade de Brandebourg, sous les ordres du général de Manstein. Il avait fait la campagne du Caucase. A Sedan, où il commandait intérimairement un corps d'armée, il reçut une blessure grave dont il mourut.

Wurtembergeois) conserva ses emplacements afin d'observer le sud.

A 10 1/2 heures, la brigade de la 4ᵉ division française, qui se trouvait à l'aile droite, appuyée d'une batterie d'artillerie, marcha sur *Günstett* en se dirigeant vers Morsbronn.

L'avant-garde de la *21ᵉ division* prussienne reçut aussitôt l'ordre d'occuper *Günstett* et de défendre la position qui s'étendait jusqu'au bord de la Sauer. Les 4 batteries s'étaient déjà établies sur la hauteur au nord du village, lorsque le gros de la division se mit également en marche sur Günstett.

L'avant-garde du *Vᵉ corps*, comme nous l'avons vu, avait reçu l'ordre de s'emparer de la ville de *Woerth*; avis de cet ordre avait été communiqué au XIᵉ corps et au IIᵉ corps bavarois.

Les *régiments* Nᵒˢ *37* et *50* attaquèrent vigoureusement, malgré la grêle de balles qui les accueillit, et qui renversa des rangs entiers. Ils avançaient: le pont, chacune des maisons furent disputés pied à pied. Les Français, confiants dans leur force, montrèrent beaucoup plus d'énergie et de tenacité qu'à Wissembourg; mais ils ne réussirent pas à refouler les Prussiens hors de la ville. (Beaucoup de nos braves officiers tombèrent dans ce combat; nous mentionnerons particulièrement ici, la mort héroïque du capitaine de Burgsdorff.)

Le *1ᵉʳ régiment d'infanterie de Nassau, Nᵒ 87*, et le *régiment de fusiliers de Hesse Nᵒ 80* (41ᵉ brigade, qui arrivait du Niederwald), eurent à soutenir l'attaque dirigée contre Günstett, comme nous le savons déjà, par une brigade française appuyée par de l'artillerie. La grande portée des chassepots, le soin que mettait l'ennemi à profiter de tous les accidents du terrain, le feu de son artillerie, parfaitement dissimulée, nécessitèrent tous les efforts de ces régiments pour se maintenir dans leur position. Ils était vigoureusement soutenus par l'*artillerie hessoise*, quoique découverte et servant de point de mire à 3 batteries ennemies, dont une de mitrailleuses.

Bientôt arriva le gros de la *division Schachtmeyer*; deux bataillons furent immédiatement dirigés sur Günstett et trois autres prirent position dans la gorge au nord du village. Le combat crût en violence, et la fermeté de nos troupes permit de faire franchir la Sauer à un bataillon du *régiment N° 87*, qui s'établit dans le bois sur l'autre rive.

Malgré le courage déployé par les troupes françaises, leur attaque fut repoussée.

11 heures. Le général *de Bose* (^{1}), commandant du XIe corps, arriva à Günstett vers 11 heures. Bientôt de nouvelles masses françaises se montrèrent sur les hauteurs vis-à-vis de ce point. Le général avait pris des dispositions permettant à la 22e division d'infanterie, commandée par le général *de Gersdorf*, de renforcer la 21e division, qui était engagée.

11 $^1/_2$ heures. A 11 $^1/_2$ heures, l'ennemi tenta sur Günstett un nouvel effort, prévu d'ailleurs, et s'avança jusqu'à l'enceinte du village. Malgré ses cris, il ne parvint pas à émouvoir nos soldats, qui demeuraient impassibles. Le *bataillon de chasseurs de Hesse, N° 11*, composé de tireurs adroits, venait d'entrer en ligne.

Cette nouvelle attaque échoua complétement, et les Français, décimés, durent battre en retraite.

12 heures. Vers midi, la *22e division* entière était arrivée sur le champ de bataille. La *43e brigade* avait paru d'abord:

(^{1}) Le général de Bose, commandant de brigade en 1866, s'était fait remarquer à Podol et à Presbourg. A Podol, saisissant un drapeau, il s'élança à l'attaque du pont à la tête de sa colonne.

le *6ᵉ régiment de Thuringe, Nº 95*, avait été dirigé au nord de Günstett, et le *2ᵉ régiment, Nº 32*, s'était déployé au sud de ce village. L'arrivée de la *44ᵉ brigade*, général *de Schkopp*, détermina les chefs à prendre l'offensive. Se joignant aux régiments déjà cités, le *5ᵉ régiment d'infanterie de Thuringe (Grand-duc de Saxe-Weimar), Nº 95*, sous les ordres du colonel *de Bessel* (¹), et le *3ᵉ régiment d'infanterie de Hesse, Nº 83*, colonel *de Marschall*, se portèrent en avant pour charger l'ennemi. La division avait reçu ordre de se diriger sur *Eberbach* par la ferme d'Albrechtshaüser.

De fortes colonnes françaises marchèrent à la rencontre de cette division, sur la hauteur de Morsbronn, mais elles furent vigoureusement refoulées (²).

L'infanterie de la 21ᵉ division qui soutenait le combat depuis plus longtemps, était restée provisoirement en deçà de la Sauer. L'artillerie des deux divisions avait suivi de près la 22ᵉ.

Jusqu'à ce moment le général *de Werder* n'avait envoyé qu'une faible partie de ses troupes sur le champ de bataille. Mais le prince royal, informé que le combat devenait de plus en plus sérieux, fit porter au général l'ordre de ne laisser qu'un seul régiment au sud de Soultz, pour protéger le quartier général, et de marcher avec le restant de ses troupes sur *Günstett* par le Niederwald, afin de renforcer le XIᵉ corps.

Le général de Werder reçut cet ordre à 12 ¼ heures; 12¼ heures. la *brigade wurtembergeoise de Hügel*, accompagnée de l'artil-

---

(¹) Grièvement blessé à Sedan, il mourut des suites de ses blessures.
(²) Ici tombèrent glorieusement les capitaines Schlüssler, Vierneusel, d'Esebeck et de Marschall.

lerie du corps, partit en tête, suivie de la *division badoise,* commandée par le général *de Beyer.*

Revenons pour un instant au *V^e corps.* Au moment où nous apprenions le combat dans lequel il était engagé, la *20e brigade* d'infanterie disputait à l'ennemi la ville de Woerth. Pendant un certain temps, aucun avantage ne se dessina. Enfin, les Français en furent complétement délogés, malgré plusieurs retours offensifs exécutés au cri de : « *Vive l'empereur !* » Il était 12 ½ heures.

12 ½ heures.

L'ennemi essaya deux fois encore de reprendre la ville, mais les *régiments N° 37* et *50* la défendirent avec succès. La *19e brigade* y fut envoyée alors, afin de nous en assurer la possession. Les *régiments de Basse-Silésie N°s 6 et 46,* se jetèrent dans l'action avec une grande intrépidité, devant laquelle l'ennemi, malgré toute sa vaillance, dut enfin se retirer définitivement. La *10e division* tout entière s'était distinguée dans cette lutte sanglante. Le capitaine de Lossberg, entre autres, y trouva une mort héroïque. Les officiers qui se sont fait remarquer par leur bravoure, sont trop nombreux pour être cités ; la liste des pertes, d'ailleurs, le prouve suffisamment.

La *9e division d'infanterie,* se rapprochant du lieu de l'engagement, parvint à loger un de ses bataillons dans le bois, entre Spachbach et Woerth.

Le combat avait été d'autant plus meurtrier, que les habitants de Woerth y avaient pris part en tirant, de leurs retraites, sur les soldats allemands.

Cependant, la situation était telle, que malgré les renforts qui étaient arrivés, il n'était pas possible encore de donner l'assaut à la position dans laquelle l'ennemi s'était retranché.

Le prince royal avait envoyé au *IIe corps bavarois,* qui

s'était retiré, l'ordre de se remettre en ligne. Nous connaissons le motif de sa retraite, et nous savons comment une de ses divisions dut être relevée par l'autre, qui se trouvait encore assez loin en arrière, et sur le concours de laquelle il ne fallait pas compter au début de l'action. Cette circonstance avait allégé la tâche de l'ennemi, dont l'aile gauche était soutenue par des colonnes considérables, et permis à Mac-Mahon d'opposer longtemps des troupes fraîches au Ve corps, qui l'attaquait de front.

La *10e division* faisait de vains efforts pour gagner du terrain. Cependant le général *de Kirchbach* crut devoir ménager encore ses troupes disponibles, et ne pas épuiser prématurément le restant de ses forces.

L'annonce de l'approche du *1er corps bavarois (von der Tann)*, qui avait quitté Ingolsheim pour se rendre à Preuschendorf, encouragea nos combattants. Mais les chemins étaient difficiles, et maint brave fut encore sacrifié avant l'arrivée de ce renfort.

Les premiers résultats favorables obtenus quelque temps après par le *XIe corps*, sérieusement engagé, décidèrent le général *de Kirchbach* à donner l'ordre au *V^e corps* complet de marcher sur *Froschweiler*.

Le général *de Bose*, averti de cette détermination, ordonna de son côté, à 12 ³/₄ heures, au corps entier dont il avait le commandement, de se porter en avant, et de prendre l'offensive contre l'aile droite de l'armée impériale.

La *21e division d'infanterie*, général *de Thile*, devait passer la Sauer au sud de Spachbach, et marcher vigoureusement sur *Elsashausen*. Une partie de l'artillerie du corps, qui venait d'arriver, devait suivre l'infanterie, l'autre, rester en réserve près de Günstett (¹).

(¹) L'auteur français rapporte : « Vers midi, des colonnes nombreuses formées

Le *XIe corps* avait donc à exécuter un changement de front à droite, pendant lequel il pouvait se concentrer davantage. Un combat violent s'engagea dans le bois. L'ennemi, qui venait de faire avancer des troupes fraîches d'infanterie et d'artillerie, occupait à ce moment, sur le front et en face du XIe corps, la ligne *Elsashausen-Woerth*.

1 heure. A 1 heure, le *prince royal*, accompagné du général *de Blumenthal*, parut sur le champ de bataille, prit aussitôt la direction générale des opérations, et se plaça au sommet de la hauteur à l'est de Woerth. Le duc de Cobourg et les autres princes attachés au quartier général de la IIIe armée, arrivèrent bientôt après le prince.

Les Français avaient donc évacué la ville de Woerth, et toutes leurs tentatives pour la réoccuper avaient été vaines. Mais la *10e division d'infanterie*, malgré tout le courage dont elle fit preuve, n'avait pas réussi, jusqu'à présent, à prendre pied sur les hauteurs à l'ouest de cette localité. La *9e division d'infanterie*, qui s'était distinguée à Wissembourg, reçut l'ordre d'aller la soutenir.

Pendant la matinée, de nouveaux renforts étaient arrivés à l'armée française (principalement du corps Canrobert), et avaient augmenté la profondeur de son ordre de bataille près de Froschweiler.

Bien que les *régiments N°s 58* et *59*, ainsi que le *régiment de grenadiers du Roi* et le *régiment N° 47* fussent venus allonger notre front, et combler les vides que le feu de l'ennemi avait creusés dans nos lignes, les attaques multiples tentées contre les hauteurs n'eurent aucun

---

» par le XIe corps et la division wurtembergeoise, protégées par une batterie de
» 60 pièces, se portèrent sur le plateau de Günstett et attaquèrent avec la plus
» grande vigueur le village de Elsashausen et les troupes de la division de
» de Lartigue. »

résultat. Tantôt c'étaient des bandes de tirailleurs, tantôt des colonnes serrées qui s'élançaient à l'assaut, tantôt encore c'était l'artillerie qui dirigeait son feu dans la profondeur des masses françaises : les cadavres de nos soldats s'amoncelaient, mais Froschweiler restait à l'ennemi. (Le colonel Burghoff tomba glorieusement à la tête de son régiment.)

Sur ces entrefaites, la *brigade Schleich*, de la division Walther du IIe corps bavarois, avait été dirigée sur *Langensoultzbach*.

Le *corps von der Tann* avait quitté Ingolsheim à 6 heures du matin, mais les chemins par Lobsann et Lampertsloch, défoncés par les pluies, avaient tellement retardé sa marche, qu'à ce moment il n'avait pas encore paru. La *division Stéphan (régiment des gardes du corps, régiment de la Reine, 2*[e] *et 11*[e] *régiments d'infanterie, 2*[e]*, 4*[e] *et 9*[e] *bataillons de chasseurs)* marchait en tête; entendant le canon, elle accéléra le pas et s'avança dans la direction de *Görsdorf*.

Le *V*[e] *corps* était toujours sans appui; le XIe corps ne pouvait le secourir parce qu'il avait à soutenir lui-même des combats violents devant Elsashausen, pour atteindre la droite de la position de Froschweiler.

A 1 heure, la *21*[e] *division* avait franchi la Sauer avec son artillerie, et marchait sur *Elsashausen* afin de soutenir la 22e division, lorsqu'elle reçut du prince royal, l'ordre de changer de direction à droite et de se diriger sur *Woerth*.

Au même moment, la *brigade de cavalerie wurtembergeoise (régiments roi Charles, prince Frédéric, roi Guillaume* et *reine Olga)* fit son apparition à la gauche de notre ligne de bataille.

La *21*[e] *division d'infanterie* exécuta son mouvement,

moitié par la partie du Niederwald située au-delà de la Sauer, moitié par la route de Woerth ; elle parvint à la lisière opposée du bois, après avoir soutenu plusieurs combats meurtriers dans lesquels elle avait perdu beaucoup de monde (¹), et put se mettre en communication avec certaines parties de la 9ᵉ division d'infanterie.

Les *régiments de Silésie, de Hesse* (ceux de la 22ᵉ division compris) et *de Thuringe* s'élancèrent alors à l'attaque d'*Elsashausen*, incendié par notre artillerie. Enfin, à 2 heures, le village fut emporté par l'infanterie. Le général *de Bose* fut blessé à la hanche, mais le brave commandant refusa de descendre de cheval et voulut rester à la tête de son corps.

2 heures.

Malgré la perte du village d'Elsashausen, les Français continuèrent à défendre sur le front, avec une vigueur soutenue, leur position de *Froschweiler*. Plusieurs fois repoussés des hauteurs, les bataillons du Vᵉ *corps* revenaient immédiatement à la charge. En cet endroit, le combat avait atteint son paroxysme de violence. L'ennemi jetait continuellement de nouvelles troupes dans Froschweiler, pour résister à l'assaillant.

Les Français cherchèrent aussi, en faisant avancer leurs réserves, à reprendre le terrain qu'ils avaient perdu sur la droite de la position, et à inquiéter l'aile gauche du XIᵉ corps. Mais la *brigade d'infanterie wurtembergeoise*, qui venait d'arriver à Günstett, fit avorter ce projet en se jetant dans l'action à la gauche de notre ligne de bataille qui avait atteint alors sa plus grande extension. En effet, la *division bavaroise Stéphan* avait touché à Görsdorf,

---

(¹) Le colonel de Jaski fut mortellement frappé à la tête du 88ᵉ régiment. Le major Kasch, le capitaine de Roux et autres, partagèrent sa destinée.

franchi la Sauer et la Soultz immédiatement après, et se portait contre l'aile gauche de l'armée française. Le prince royal avait ordonné à cette division de déloger l'ennemi de *Froschweiler* et des vignobles avoisinant le village.

A peu près au même moment (2 ½ heures), le général *d'Obernitz* (commandant la division wurtembergeoise) avait reçu du prince royal l'ordre de s'avancer sur *Reichshofen* par Eberbach, et de couper la ligne de retraite de l'ennemi. 2 ½ heures.

Ce dernier sentit alors qu'il devait concentrer toutes ses forces pour conserver sa position de Froschweiler. Mac-Mahon fit entrer en ligne les dernières troupes fraîches qui lui restaient. Les bataillons français s'avancèrent à la fois contre le Ve et le XIe corps. Mais les troupes prussiennes demeurèrent inébranlables.

Notre ligne de bataille décrivait un demi-cercle autour de Froschweiler.

Enfin, les *Bavarois* fondirent sur l'aile gauche des Français. Venant de Görsdorf et de Langensoultzbach, ils pénétrèrent avec intrépidité dans leurs lignes, en cherchant à vaincre les derniers efforts de leur infanterie qui se voyait débordée.

La *brigade wurtembergeoise Starkloff* attaquait également *Froschweiler* au même moment. Les accidents du terrain l'avaient empêchée de suivre la direction qui lui avait été prescrite par Eberbach, et qui devait la conduire sur l'aile droite de l'ennemi.

Les troupes allemandes s'élancèrent alors à l'assaut du village. L'artillerie française fit des efforts désespérés pour soutenir l'infanterie qui cédait, mais ce fut en vain.

Quelques temps auparavant, la cavalerie ennemie avait tenté de rompre nos lignes par plusieurs charges, mais elles échouèrent toutes devant la rapidité de notre tir et le calme avec lequel les salves étaient exécutées.

Bien qu'il dût voir que toutes ses ressources étaient épuisées, Mac-Mahon ne s'avoua pas encore vaincu. Trop fier pour vider si tôt cette coupe d'humiliation, il fit charger notre infanterie et notre artillerie par ses lourds régiments de cuirassiers. La terre trembla sous les masses formidables de cette cavalerie qui fondait sur nos lignes ; mais bientôt le champ de bataille fut jonché des cadavres de ses énormes chevaux. Plus d'un régiment perdit au-delà des deux tiers de l'effectif de ses escadrons (¹).

Enfin, Mac-Mahon ordonna la retraite, pour laquelle, commettant une faute grave, il n'avait pas pris d'avance des précautions suffisantes. Il dut continuer à combattre à Froschweiler pour permettre à son armée de se retirer.

L'artillerie du V⁰ *corps* venait d'atteindre à son tour les hauteurs au-delà de la Sauer, et avait contribué, ainsi que celle du X⁰ corps, à anéantir la cavalerie française.

Le *XI⁰ corps* avait été attaqué, près d'*Elsashausen*, par des lanciers qui n'avaient pas été plus heureux que les cuirassiers.

Le général *de Gersdorf* était également arrivé près de Froschweiler avec la *22⁰ division d'infanterie*. Presqu'en même temps, la *21⁰ division* repoussait, près d'*Elsashausen*, une attaque d'infanterie et de cavalerie ennemie.

Le général *de Bose* fut grièvement blessé au pied, au moment où son corps, à la tête duquel il se trouvait, s'élançait à l'assaut de Froschweiler. Son aide de camp et

---

(¹) Nous lisons à ce propos dans *La campagne de 1870 etc.*:
« Le maréchal essaya plusieurs fois de repousser l'ennemi sur la droite, et il
» fit faire plusieurs attaques offensives par la division Dumesnil. Malgré le feu
» bien dirigé de notre artillerie, malgré d'admirables charges des cuirassiers de
» la division Bonnemains et de la brigade Michel, l'aile droite se trouva débor-
» dée, et notre ligne de retraite complètement menacée. »

son fils étaient blessés déjà ; son chef d'état-major eut un cheval tué sous lui ; le troisième officier de son état-major, le lieutenant en premier de Herneccius fut tué, enfin, deux ordonnances d'état-major furent blessées.

De tous les côtés à la fois, les troupes allemandes se précipitèrent dans le village de *Froschweiler* tout en flammes, et dont notre artillerie n'avait laissé que des ruines. Le Ve *corps* arrivait de l'est, les *Bavarois* du nord, la 21e *division* et les *Wurtembergeois* du sud, enfin, une partie de la 22e *division* parut même à l'ouest. Les Français qui furent trouvés dans la place durent se rendre.

A 4 heures les Allemands étaient complétement maîtres du village (¹). *4 heures.*

La plupart des troupes françaises qui étaient parvenues à s'en échapper, se dirigèrent dans la plus grande confusion vers Reichshofen et le Jägerthal.

Son imprévoyance fit perdre à Mac-Mahon toute sa présence d'esprit, à la fin de la bataille, au point qu'il abandonna son commandement. S'il avait été plus circonspect, il ne se serait pas vu forcé de prendre la fuite, personnellement et littéralement, en laissant entre nos mains son luxueux campement, avec tous ses objets précieux. Le moral de ses troupes eut moins souffert de la défaite, car elles s'étaient vaillamment défendues.

(¹) « Il était 4 heures : » dit l'auteur de *La campagne de 1870 etc.*, « nos
» troupes étaient repoussées sur toute la ligne et fuyaient dans le plus grand
» désordre. Le maréchal en cédant à ses instincts de bravoure et de résistance
» jusqu'à la dernière extrémité, ne s'était pas aperçu qu'il compromettait à la
» fois et ses troupes et ses positions en arrière. Son armée, vaincue par le
» nombre, était complétement débandée et se retirait au hasard dans toutes les
» directions. »

L'armée allemande venait de donner une nouvelle preuve de sa bravoure et de sa valeur. Mais c'est aux chefs surtout, qu'en revient le mérite : Le soldat n'aurait pas montré tant d'ardeur à se jeter dans la mêlée, si l'officier, depuis le général jusqu'au lieutenant, n'avait partout donné l'exemple de l'audace et de l'intrépidité.

Les Français, pris individuellement, ont le courage vaniteux.

Les officiers allemands ne versent leur sang que pour l'honneur de la patrie.

D'autre part, les officiers français, sans distinction de grade, n'étaient pas à même de remplir la tâche qui incombait à chacun d'eux, avec ce discernement et cette confiance que nous puisons dans l'éducation militaire et le travail, auxquels tout le corps d'officiers est astreint en temps de paix.

Mais aussi l'abnégation de soi-même doit-elle être la qualité fondamentale dans tous les degrés de la hiérarchie. Il ne s'agit pas, dans certains moments difficiles, de chercher à illustrer son nom par des actions d'éclat, mais seulement de remplir en tous points son devoir. Certes, l'officier peut être stimulé par la crainte de rester en-dessous de sa mission, mais toute considération personnelle doit disparaître devant l'intérêt général. Que deviendraient, sans cela, la force de cohésion qui unit toutes les parties de l'armée, et la solidarité qui en est la conséquence?

Dans leurs combinaisons stratégiques, nos chefs n'ont jamais visé au génie; mais les dispositions qu'ils prenaient étaient sûres, propres à faire disparaître toute trace d'appréhension, tout manque de confiance. La main qui tenait les rênes d'un commandement, savait plier à propos et laisser en mainte circonstance une certaine latitude à ceux qui guidaient les masses dans la voie générale qu'elle leur indiquait.

Quel contraste avec nos adversaires!

Mac-Mahon, réputé le plus habile et le plus vaillant des maréchaux de France, s'était vaniteusement enchâssé dans sa gloire vis-à-vis de l'armée française. Aussitôt qu'il eut acquis la conviction que la chance tournait contre lui, et qu'il fallait songer à la retraite, tous ses efforts devaient tendre à conserver à la France et à l'empereur le plus de bras possible. Chacune des tentatives qu'il fit pour rétablir ses affaires, était un coup de banque sans autre but que de ressaisir quelque lambeau de la veine perdue. Sa présence d'esprit l'avait complétement abandonné. Le maréchal a dû souffrir, souffrir énormément; plus tard, au lieu de commander, et malgré ses connaissances supérieures, il dut obéir, et fut plus malheureux encore. Il a donc chèrement expié les fautes du 6 août, et nous estimons que la réputation militaire qu'il s'était acquise antérieurement, doit être respectée.

Les charges exécutées par les cuirassiers étaient inutiles. La retraite aurait dû commencer, au plus tard, au moment où l'arrivée des Bavarois était signalée à l'aile gauche. Il fallait songer qu'elle devait s'opérer par un défilé, non loin de la position perdue. Effectuée en temps opportun, elle eût pu sauver l'armée du désordre, de la désorganisation. Les forces dépensées en vaines tentatives pour percer nos lignes, eussent été bien mieux employées à protéger la retraite.

Les troupes wurtembergeoises, qui avaient quitté Eberbach à 2 1/2 heures pour marcher sur Reichshofen, d'après les instructions qu'elles avaient reçues, poursuivirent les troupes françaises.

Le XIe corps, fatigué par le combat prolongé qu'il avait eu à soutenir, se rassembla au sud de Froschweiler.

Le 2e régiment de hussards de Hesse, No 14, qui avait déjà passé Eberbach, le régiment de dragons de Silésie, No 4, du Ve corps, un régiment de chevaux-légers bavarois, enfin, quelques batteries à cheval, furent successivement lancés à la poursuite de l'ennemi.

La division badoise, qui était arrivée à Soultz, reçut l'ordre de s'avancer jusqu'à Günstett. La brigade de cavalerie (Laroche) seule resta en arrière, pour observer, au sud, la forêt de Hagenau.

Les Wurtembergeois campèrent près d'Eberbach.

Le Ve corps établit ses bivacs au nord-est de Froschweiler, la 21e division entre Elsashausen et Woerth, la 22e division appuyée à droite à la route de Froschweiler, et à gauche au ruisseau de l'Eber, à proximité de la chaussée de Reichshofen.

Les Bavarois se placèrent au nord du Ve corps.

La poursuite fut poussée le jour même jusqu'au sud de de Reichshofen, et se prolongea jusqu'à 5 heures. Notre infanterie avait pris par le bois.

Une petite rencontre eut lieu également près de Niederbronn.

Le maréchal, dans son rapport, attribue la perte de la bataille au mouvement tournant qui déborda son aile droite.

Cette assertion pourrait ne pas être inexacte : Bien que les Bavarois eussent été en situation de menacer son aile gauche, l'entreprise était cependant plus difficile qu'à l'aile opposée, parce que le flanc gauche de la position était plus fortement occupé. Si le Ve corps n'avait dû s'épuiser, en renouvelant sans cesse et pendant plusieurs heures ses attaques contre le front, renforcé à tout moment par les masses dont le maréchal disposait à Froschweiler, à tel point qu'il eût fallu des troupes fraîches pour briser complétement la force résistante de l'ennemi, une attaque moins tardive sur la gauche lui eût certainement allégé la tâche, mais sans amener pourtant de résultat décisif. Mac-Mahon, considérant son flanc gauche comme la clef de la position, l'avait garni de masses imposantes au détriment de son aile droite, qu'il croyait moins nécessaire de soutenir, et qui fut d'autant plus facilement refoulée par le XIe corps prussien. Si le maréchal avait réfléchi que les chemins meilleurs et plus nombreux qui se trouvaient sur la droite de sa position, nous permettaient d'y amener des colonnes plus considérables que sur la gauche, il est probable qu'il eût tout autrement disposé ses forces.

Nous rappellerons ici que les Wurtembergeois avaient déjà reçu l'ordre de tourner l'aile droite de l'ennemi par Reichshofen, alors que le maréchal se maintenait encore à Froschweiler. Nos chefs avaient promptement reconnu la faiblesse de cette partie de la ligne de bataille ennemie, et en avaient avantageusement tiré parti au moment voulu.

Mac-Mahon affirme que les 1e et 2e divisions couvrirent sa retraite. Mais il est certain que celles-ci ne tardèrent pas à se débander également, et ne purent empêcher le maréchal d'être entraîné dans la fuite de son armée, qui se dirigea en grand désordre sur Saverne par Neubronn. Elle ne put se rallier quelque peu, qu'après l'arrivée de la division de Lespart, qui avait été envoyée comme renfort au maréchal par le Ve corps. Cette division resta toute la nuit sous les armes, mais ne fut pas inquiétée par les troupes allemandes (¹).

La distance entre le champ de bataille et Saverne, fut franchie par les soldats de Mac-Mahon avec une rapidité inouïe. Nous ne savons en quel endroit s'est arrêtée l'aile droite, qui avait fui vers Hagenau.

Avant que l'écho du dernier *hourra !* de nos soldats s'élançant à l'assaut se fût perdu dans les montagnes, le prince royal, suivi des princes allemands attachés à la III⁰ armée, arrivait au galop de son cheval pour féliciter les vainqueurs et passer une revue du champ de bataille. Il fut entouré aussitôt, et l'enthousiasme de nos guerriers se traduisit en acclamations répétées par des milliers de voix.

Suivant une ancienne coutume prussienne, nos soldats, accompagnés par toutes les musiques militaires, entonnèrent à l'heure de la retraite, et aux flammes des feux du bivac, l'hymne en action de grâces au Dieu des armées : « *Remercions tous le Seigneur !* »

A peine les derniers sons du chant pieux s'étaient-ils éteints qu'un immense cri de joie, gagnant de proche en proche, retentit dans tout le camp. C'était la nouvelle de l'éclatante victoire remportée par nos frères à Sarrebruck ! Les héros expirant sur le champ de bataille se sentirent consolés : Leur sang du moins n'avait pas été versé inutilement, et s'il abreuvait le sol, c'était l'ancien territoire germain qu'ils venaient de rendre à l'Allemagne.

Deux aigles, 35 canons, 6 mitrailleuses, plusieurs mil-

(¹) « Une division du V⁰ corps, » dit l'auteur que nous avons consulté jusqu'à présent, « était arrivée sur le lieu du combat à 5 heures du soir, et, en cou-
» ronnant les hauteurs qui dominent la vallée en avant de Niederbronn, elle
» favorisa la retraite de quelques bataillons. »

liers d'armes portatives; 10,000 prisonniers non blessés, plusieurs centaines de chevaux, une centaine de voitures, une caisse militaire contenant environ 100,000 francs; les campements et les bagages étaient tombés en notre pouvoir.

La cavalerie wurtembergeoise, qui avait été spécialement chargée de poursuivre l'ennemi, avait ramené la plus grande partie de ce riche butin. Les cavaleries prussienne et bavaroise avaient enlevé quelques canons.

Les morts et blessés de l'armée française peuvent être évalués à 12,000 environ. Voici quelques exemples de la manière dont certains régiments furent éprouvés : Des 600 hommes du 8e régiment de cuirassiers, il en resta 170; presque tous les officiers avaient été tués ou blessés. Le 3e régiment de zouaves se trouva réduit à 5 ou 600 hommes; il avait perdu 47 officier.

Le général-major Colson, chef d'état-major de Mac-Mahon, était tombé mortellement frappé à ses côtés. Le général de division Raoult fut trouvé parmi les morts. Un grand nombre de colonels et de lieutenants-colonels avaient été tués ou blessés.

La 1e division bavaroise, qui s'était trouvée au plus fort de la mêlée, avait subi des pertes énormes : 36 officiers et 800 hommes tués ou blessés. Les Bavarois avaient perdu en tout 14 officiers tués et 58 blessés.

Les troupes wurtembergeoises, notamment la brigade Starkloff, comptaient 6 officiers et 23 hommes tués, 10 officiers et 225 hommes blessés (¹).

(¹) L'auteur de *La campagne de 1870 etc.*, bien qu'il convienne consciencieusement du rude échec subi par l'armée française, cherche cependant à l'excuser en exagérant le chiffre des forces allemandes qui ont pris part à la bataille, et

TABLEAU DES PERTES

SUBIES PAR L'ARMÉE PRUSSIENNE.

Vᵉ Corps.

9ᵉ Division d'infanterie.

17ᵉ BRIGADE : Colonel DE BOTHMER, blessé.

3ᵉ Régiment d'infanterie de Posen, Nº 58 :

Capitaine DE ZIEGLER, blessé.   421 hommes tués ou blessés.
1 lieutenant tué, 9 blessés.

4ᵉ Régiment d'infanterie de Posen, Nº 59 :

(Les pertes en officiers subies à Wissembourg, sont comprises dans ce tableau).

Colonel EYL, blessé.   Capitaine JÆNSCH, blessé.
Capitaine DE DOBSCHÜTZ, blessé.   3 lieutenants tués, 10 blessés.
Capitaine VON DER WENSE, blessé.   303 hommes tués ou blessés.

18ᵉ BRIGADE.

Régiment des grenadiers du Roi (2ᵉ rég. Prusse occid.), Nº 7 :

Capitaine FRANZKI, blessé.   432 hommes tués ou blessés.
8 lieutenants blessés.

2ᵉ Régiment d'infanterie, Basse-Silésie, Nº 47 :

Colonel DE BURGHOFF, tué.   19 lieutenants blessés.
Major SCHULZ, blessé.   1 médecin-major blessé.
Capitaine DE WEDELSTÆDT, blessé.   583 hommes tués ou blessés.
Capitaine DE SCHIMMELPFENNIG, blessé.

(Les pertes en lieutenants subies à Wissembourg, sont comprises dans ce tableau).

---

qu'il évalue à 150,000 hommes, ainsi qu'en réduisant considérablement l'effectif des troupes impériales.

Il affirme aussi que nos pertes en tués et blessés furent les plus grandes ; mais ceci ne ferait que rehausser notre mérite.

Enfin, il relate les prises que nous avons faites, et dans lesquelles figurent : le parc de réserve du 1ᵉʳ corps, la réserve d'artillerie de la division Dumesnil, et deux convois de chemin de fer chargés d'approvisionnements de toute espèce.

10ᵉ Division d'infanterie.

19ᵉ Brigade.

1ᵉʳ Régiment de grenadiers, Prusse occid. N° 6 :

Colonel Flöckher, blessé.
Major de Heugel, blessé.
Capitaine de Mechow, blessé.
Capitaine de Wolf, blessé.
Capitaine de Brandis, blessé.
Capitaine de Richthoffen, blessé.
2 lieutenants tués, 13 blessés.
885 hommes tués ou blessés.

1ᵉʳ Régiment d'infanterie, Basse-Silésie, N° 46 :

Colonel de Stosch, blessé.
Major Campe, blessé.
Capitaine de Lossberg, tué.
Capitaine de Klass, blessé.
Capitaine Patrunky, blessé.
Capitaine Steinbrunn, blessé.
Capitaine de Sydow, blessé.
Méd. en chef Dʳ Hirschberg, blessé.
9 lieutenants tués, 14 blessés.
908 hommes tués ou blessés.

20ᵉ Brigade.

Régiment d'infanterie, Westphalie, N° 37 :

Capitaine Köpke, blessé.
Capitaine de Polentz, blessé.
7 lieutenants tués, 11 blessés.
493 hommes tués ou blessés.

3ᵉ Régiment d'infanterie, Basse-Silésie, N° 50 :

Colonel Michelmann, blessé.
Lieut.-colonel de Sperling, blessé.
Major de Rössing, blessé.
Capitaine Hölzermann, blessé.
Capitaine de Boguslawski, blessé.
Capitaine de Burgsdorff, blessé.
8 lieutenants tués, 17 blessés.
851 hommes tués ou blessés.

1ᵉʳ Bataillon de chasseurs, Silésie, N° 5 :

Major Comte Waldersee, tué.
4 lieutenants blessés.
58 hommes tués ou blessés.

1ᵉʳ Régiment de dragons, Silésie, N° 4 :

1 lieutenant blessé.
5 hommes blessés.

5ᵉ Régiment de cuirassiers, Prusse occid. N° 5 :

1 lieutenant grièvement blessé par ses hôtes.

Régiment d'artillerie de camp. Basse-Silésie, N° 5 :

Major Kipping, blessé.
2 lieutenants blessés.
61 hommes tués ou blessés.

Bataillon de pionniers, Basse-Silésie, N° 5 :

Capitaine Scheibert, blessé.
1 lieutenant blessé.
21 hommes tués ou blessés.

XIe Corps :

Lieutenant-général DE BOSE, blessé.   *État-major :* 1 lieutenant blessé.
État-major : 1 lieutenant tué.   »   2 hommes blessés.

21e Division d'infanterie :

État-major : 1 lieutenant blessé.

41e BRIGADE : Colonel DE KOBLINSKI, blessé.

Régiment de fusiliers, Hesse, N° 80 :

Colonel DE COLOMB, blessé.   Capitaine DE KIETZELL, blessé.
Capitaine DE BORKE, tué.   1 lieutenant tué, 10 blessés.
Capitaine DE RÖDER, blessé.   358 hommes tués ou blessés.

1er Régiment d'infanterie, Hesse, N° 87 :

Major KASCH, tué.   Capitaine WIEST, blessé.
Capitaine CÆSAR, blessé.   Capitaine DE KETTLER, blessé.
Capitaine DE LOSSOW, blessé.   3 lieutenants tués, 13 blessés.
Capitaine MÜLLER, blessé.   348 hommes tués ou blessés.
Capitaine AHLEFELD, blessé.

42e BRIGADE.

2e Régiment d'infanterie, Hesse, N° 82 :

Colonel DE BORRIES, blessé.   Capitaine DE ROUX, tué.
Major DE TSCHIRSCHKY, blessé.   Capitaine NEUBERT, tué.
Major DE HENNEBERG, blessé.   3 lieutenants tués, 14 blessés.
Capitaine BRESSLER, blessé.   348 hommes tués ou blessés.

2e Régiment d'infanterie, Nassau, N° 88 :

Colonel KÖHN DE JASKI, tué.   Capitaine DE HAGEN, blessé.
Capitaine DE GRÆVENITZ, tué.   4 lieutenants tués, 10 blessés.
Capitaine D'ELPONS, blessé.   316 hommes tués ou blessés.

22e Division d'infanterie.

43e BRIGADE.

2e Régiment d'infanterie, Thuringe, N° 32 :

Major HIRSCH, blessé.   1 lieutenant tué, 7 blessés.
Capitaine DE WINTZINGERODE, blessé.   249 hommes tués ou blessés.

6e Régiment d'infanterie, Thuringe, N° 95 :

Colonel DE BECKEDORF, blessé.   Capitaine DE WANGENHEIM, blessé.
Major D'ECKARTSBERG, blessé.   Capitaine DE HOPFGARTEN, blessé.
Capitaine STÖCKEL, tué.   5 lieutenants tués, 10 blessés.
Capitaine SCHLÜSSLER, tué.   355 hommes tués ou blessés.
Capitaine VIERNEUSEL, tué.

44e Brigade.

3e Régiment d'infanterie, Hesse, N° 83 :

Major Schor, blessé.	Capitaine Bachmeister, blessé.
Major de Sodenstern, blessé.	4 lieutenants tués, 10 blessés.
Capitaine Becker, blessé.	390 hommes tués ou blessés.
Capitaine de Bönigk, blessé.	

5e Régiment d'infanterie, Thuringe, N° 94 (Grand-duc de Saxe) :

Major Wussow, blessé.	Capitaine d'Esebeck, tué.
Major de Necker, blessé.	10 lieutenants blessés.
Capitaine de Heine, blessé.	479 hommes tués ou blessés.
Capitaine de Rahden, blessé.	

Bataillon de chasseurs, Hesse, N° 11 :

Capitaine de Marschall, tué.	161 hommes tués ou blessés.
1 lieutenant tué, 2 blessés.	

2e Régiment de hussards, Hesse, N° 14 :

1 lieutenant blessé.

Régiment d'artillerie de camp, Hesse, N° 11 :

Capitaine Silvius, blessé.	3 lieutenants blessés.
Capitaine Herfarth, blessé.	19 hommes tués ou blessés.

XII.

Résumé des conséquences immédiates des journées des 4 et 6 août.

Le 6 août, les masses françaises plièrent devant l'armée allemande, et nos frontières se sentirent dégagées du poids qui les écrasait depuis tant d'années. Toute l'Allemagne s'en réjouit : L'aurore d'une grandeur, d'une prospérité nouvelles se levait à l'horizon de son histoire, et les larmes de joie que versait le peuple germain, modéra la douleur de nos mères, les angoisses de nos femmes.

Le moment qui vit tomber les portes de la France, sauvait également de l'invasion les côtes de la mer du Nord et de la Baltique. Cette allégresse était donc doublement justifiée.

Celui qui était à même de juger de l'importance des premiers combats qui s'étaient livrés, pouvait prévoir déjà que cette guerre, qui commençait à peine, serait une lutte gigantesque, malgré l'éclat de nos premières victoires et malgré la supériorité de notre puissance militaire, qui venait de se manifester si hautement, — sans compter l'extrême rapidité avec laquelle les lignes françaises avaient été percées en trois endroits différents.

La scène avait promptement changé au-delà de nos frontières : Les deux ailes de notre orgueilleux ennemi étaient enfoncées, et les parties du centre restées intactes, étaient impuissantes à arrêter leur déroute. Notre cavalerie les poursuivait vigoureusement.

Les régiments isolés de notre cavalerie divisionnaire, combinés avec quelques batteries à cheval, mettaient ainsi à profit, immédiatement après ces deux batailles, les avantages tactiques que nous venions de nous assurer.

Nos divisions de cavalerie, de leur côté, convenaient parfaitement à l'exécution de nos plans, quant au parti à tirer ultérieurement de nos succès au point de vue stratégique. Ces divisions, jusqu'à ce moment, n'avaient concouru qu'au service des avant-postes, et la plupart d'entre elles étaient restées en réserve. Vu leur grande mobilité et leur force, favorables aux opérations indépendantes, elles pouvaient suivre l'armée française dans sa retraite, en précédant l'infanterie de plusieurs journées de marche. Elles avaient pour mission de harceler sans relâche les flancs de l'ennemi, de rejeter celui-ci de position en position, aussi longtemps qu'il ne trouverait pas un appui sûr pour ses ailes.

En effet, quelques jours après les batailles que nous venons de décrire, on pouvait remarquer déjà que les troupes d'infanterie qui n'avaient pas combattu, ne parvenaient pas à rallier celles qui avaient été défaites, et à se maintenir dans les positions de la Moselle. Les chefs de l'armée impériale se virent forcés de subordonner leurs projets futurs à cette circonstance.

La défense des passages des Vosges était devenue impossible à l'aile droite ; le centre ne put utiliser sous aucun rapport ni la place de St-Avold, ni la position de la Nied, sur la rive occidentale de laquelle une série de hauteurs commandaient la plaine de la rive opposée.

Ces différents résultats furent obtenus sans fatiguer outre mesure notre infanterie, qui avait besoin de repos après les victoires qu'elle avait remportées, et sans qu'il fût nécessaire de hâter la marche des colonnes de la IIe armée qui, au 6 août, se trouvaient encore en deçà de la Sarre.

Nous nous rappelons que, pour les raisons indiquées au chapitre VII, la IIIe armée devait gagner du terrain sur la IIe armée, en avant de laquelle se trouvait notre principal objectif.

La IIIe armée, en décrivant sa conversion, devait se tenir en contact avec l'ennemi, pendant que le prince Frédéric-Charles, ralentissant sa marche, permît au prince royal de combiner ses mouvements avec les siens.

Pour obtenir de nouveaux résultats, l'état-major général allemand jugea indispensable de maintenir la plus grande corrélation entre les trois armées, et d'affecter aussi longtemps que possible leurs forces réunies à la poursuite du but principal.

La première exaltation provoquée par la nouvelle de nos victoires, fit place bientôt au sentiment de la renaissance. Après avoir si longtemps enduré les bravades de la nation française, il nous fut donné d'assister au triste spectacle du trouble, de la haine politique, de l'exaspération avec laquelle nos ennemis traitèrent le régime impérial, qui nous avait jeté le gant, et renversèrent le ministère Ollivier, qui n'avait joué qu'un rôle de comparse dans la déclaration de guerre.

Le *roi Guillaume* quitta Mayence dans la matinée du 7 août, franchit Kaiserslautern, qu'il avait choisi d'abord pour y établir son quartier général, et ne s'arrêta qu'à *Hombourg*, dans le Palatinat.

Le *prince Frédéric-Charles*, qui avait appris à Hombourg la victoire de Sarrebruck, se rendit avec son état-major, également le 7 août, à *Blieskastel*, où il reçut des rapports détaillés sur le combat.

Avant qu'il fut informé de la bataille qui venait de se livrer sur la Sarre, le prince avait lancé l'*ordre à l'armée* suivant :

« Soldats de la IIe armée ! L'empereur Napoléon a
» déclaré sans raison la guerre à l'Allemagne. Lui et son
» armée sont nos ennemis. La nation française n'a pas été
» consultée ; il n'existe aucun motif de discorde. Songez-y
» en présence des citoyens *paisibles* de la France ; mon-
» trez-leur que, même en état d'hostilité, deux peuples
» civilisés, dans notre siècle, n'oublient pas les lois huma-
» nitaires. Réfléchissez à ce qu'éprouveraient vos parents
» si l'ennemi — Dieu nous en garde — envahissait nos
» provinces. Montrez aux Français que le peuple allemand
» est non-seulement grand et courageux, mais encore
» humain et généreux envers ses ennemis.

» Frédéric-Charles, prince de Prusse. »

Ces paroles se passent de commentaires. Elles partent du cœur d'un général, d'un prince allemand, et sont conformes aux principes enseignés à notre armée. Les Français, à leur grand détriment, n'ont pas voulu nous comprendre, et doivent amèrement le regretter aujourd'hui. Nous, au contraire, nous avons le droit d'être fiers des intentions magnanimes avec lesquelles nos chefs ont posé le pied sur le seuil de la France.

Le prince royal, qui avait déjà franchi la frontière française depuis trois jours, donna de Soultz, son quartier général, l'ordre de marcher sur Strasbourg et de traverser les Vosges.

Le passage de cette chaîne de montagnes, malgré les petites forteresses chargées de la défendre, ne présenta pas de difficultés sérieuses, ce que prouve surabondamment ce simple télégramme, daté de Metz, 7 août : « *Mac-Mahon couvre Nancy.* »

Le *corps Werder* marcha sur *Strasbourg*, afin de couper les communications de cette place avec l'intérieur. La *division badoise*, commandée par le général *de Beyer*, qui, le 6 août, était restée face au sud, fut placée en première ligne et chargée d'occuper *Hagenau*. A cet effet, la cavalerie *badoise* s'élança en avant, surprit la garnison, et s'empara de la ville pour ainsi dire sans coup férir.

Le gros de la *IIIe armée*, pour suivre la direction générale qui lui était indiquée, et pour opérer sa jonction avec les corps du prince Frédéric-Charles, ne pouvait prendre que la route par laquelle Mac-Mahon s'était retiré, et ne rencontra sur son passage d'autre obstacle que la petite forteresse de *Phalsbourg*, qu'elle investit afin de pouvoir la tourner, et se diriger ensuite vers l'ouest et le nord-ouest. Les passages des Vosges qui se trouvaient au nord de cette grand'route furent occupés et traversés par de faibles détachements.

7 août. Pour nous assurer la possession du terrain conquis sur la Sarre, l'avant-garde du *Xe corps* passa la frontière le 7 et pendant la nuit du 8 août, et occupa *Sarreguemines*, que jusqu'à présent des avant-postes de la 6e division de cavalerie (duc de Mecklembourg) avaient été chargés d'observer.

Sous la protection des divisions de cavalerie qui l'éclaireraient, la *IIe armée* put franchir la Sarre et marcher en avant sur le plateau de Lorraine, aussitôt que les colonnes qui se trouvaient encore en arrière se furent convenablement rapprochées.

La ligne d'opérations principale déterminée pour pénétrer dans l'intérieur de la France, passait par *Forbach* et non par Sarreguemines, parce que la route de Forbach conduisait directement sur la *Moselle*, dont les positions commandaient *Metz*, le principal point d'appui de l'armée française. Les colonnes qui passèrent Hombourg le 7 août, furent donc dirigées sur *Sarrebruck*. C'était d'abord le IXe *corps*, puis le XIIe *corps (royaume de Saxe)*, suivi bientôt par le *corps de la garde* qui arrivait par Kaiserslautern.

Sur la rive gauche de la Sarre se trouvait, au-delà de Forbach et à l'aile droite, la I^e *armée*, dont le commandant, le général *de Steinmetz*, avait son quartier général le 7 août près de *Völklingen*, sur la Sarre, au nord-ouest de Sarrebruck.

Le même jour, la IIIe *armée*, s'appuyant à la première, occupait *Sarrebruck* et le champ de bataille près de cette localité. Le général d'*Alvensleben* avait son quartier général à *Sarrebruck*. Le IVe *corps* était resté en arrière.

La I^e *armée* devait marcher en tête sur la route de Forbach à St-Avold, puis appuyer vers le nord pour céder la place à la IIe armée. De toute façon, si l'ennemi se montrait près de *St-Avold*, il était cerné; mais l'occupation de ce point empêchait la I^e armée de gagner la route de Boulay à Metz, qui devait lui servir de ligne d'opérations particulière.

D'après ce qui précède, il était probable que le roi Guillaume, partant de Hombourg, suivrait également, après avoir appuyé à droite, la route de Sarrebruck et Forbach.

Sur ces entrefaites, Napoléon télégraphiait à Paris : « *Tout peut encore se rétablir* (¹). »

Ceci n'était pas dit sans conviction; le gouvernement espérait beaucoup encore.

Un rapport du ministre intérimaire de la guerre à l'impératrice, que nous reproduisons ci-dessous, nous fera voir avec quelle promptitude ces premières défaites militaires — peut-être aussi la crainte de prochains revers politiques — inspirèrent au gouvernement des résolutions et des mesures pour l'avenir. Ce document, daté du 7 août déjà, fut aussitôt communiqué aux Parisiens.

Paris, le 7 Août 1870.

« Madame ! Les circonstances présentes me commandent
» de songer à la défense de la capitale, et de rassembler
» de nouvelles troupes, qui, réunies à celles que l'empereur
» a conservées sous ses ordres, permettent de combattre
» en rase campagne, un ennemi que ses premiers succès
» ont rendu assez audacieux pour penser à marcher sur
» Paris etc.

(Suit le premier plan de défense, sur lequel nous reviendrons plus tard.)

» Avec l'aide des troupes de la marine, avec les régiments
» encore disponibles en France et en Algérie, avec les
» 4es bataillons de nos 100 régiments d'infanterie, qui seront
» complétés à l'effectif de 900 hommes, on peut mettre
» aisément 150,000 hommes en campagne.

» D'autre part, le rappel de la classe de 1869, dont les

(¹) Au matin du 7 août, 20,000 hommes se trouvèrent réunis à Saverne, dans la plus grande confusion; 2,000 hommes s'étaient retirés sur Strasbourg, 2,000 autres sur Bitche.

» recrues doivent rejoindre leurs corps entre le 8 et le 12
» août, donnera 60,000 hommes, qui seront de vrais soldats
» dans un mois. On peut donc, sans compter ce que pour-
» ront fournir la cavalerie, l'artillerie, le génie et les autres
» armes, disposer immédiatement de plus de 150,000
» hommes, plus tard encore de plus de 60,000, pour mar-
» cher à la rencontre de l'ennemi.

» Mais la garde nationale mobile, les compagnies de
» francs-tireurs qui sont partout en voie de formation, peu-
» vent également prendre part à la guerre. Ce sont 400,000
» hommes.

» Enfin, il faut compter aussi sur la garde nationale
» sédentaire. De cette façon, la France pourra mettre sur
» pied 2 millions de défenseurs. Leurs armes sont prêtes,
» et il y en aura encore un million en réserve. »

(Les hommes y étaient, c'est vrai; quant aux armes, la plus grande partie fut fournie par l'étranger.)

Le 8 août, alors que nos divisions de cavalerie s'avançaient rapidement sur Metz, à travers l'Alsace et les Vosges, le roi Guillaume donna l'*ordre à l'armée* qui suit. Cet ordre seul suffit à caractériser les sentiments de notre généreux souverain. Dans les circonstances où elle se trouvait, rien ne pouvait être plus favorable à la France, que la discipline sévère réclamée de ses soldats par le général en chef.

Ordre a l'armée.

» Soldats ! En poursuivant l'ennemi refoulé après plu-
» sieurs batailles sanglantes, une grande partie de notre
» armée a déjà franchi la frontière. Plusieurs corps
» entreront en France aujourd'hui et demain. J'espère que

» vous ne vous départirez pas, sur le territoire ennemi, de
» la discipline dont vous avez fait preuve jusqu'à présent.
» Nous ne faisons point la guerre aux citoyens paisibles; il
» est plutôt du devoir d'un honnête soldat de protéger la
» propriété privée, et de ne pas souffrir que quelques cas
» isolés d'indiscipline viennent porter atteinte à la bonne
» réputation de notre armée. Je compte sur le bon esprit
» qui anime l'armée et sur la surveillance rigoureuse de
» tous les chefs. »

Quartier général à Hombourg, le 8 août 1870.

GUILLAUME.

FIN DE LA PREMIÈRE PARTIE.

ANNEXE I.

Grand quartier général de S. M. le roi.

(Composition non renseignée à l'ordre de bataille.)

Aides de camp :

Lieut.-colonel DE LUCADOU.
» Cte DE LEHNDORFF.
» P^{ce} ANTOINE RADZIWILL.
» Cte DE WALDERSEE.
Major D'ALTEN.

Cabinet militaire :

Major DE HAUGWITZ.

Chef de la télégraphie militaire :

Colonel MEYDAM.

Commandant du grand quartier général :

Major B^{on} DE LOCQUENGHIEN.
Officiers de l'escorte de l'état-major.

État-major général :

Lieut.-colonel, chef de divis. BRONSART
DE SCHELLENDORF.
» DE VERDY DU VERNOIS.
» DE BRANDENSTEIN.
Major DE HOLLEBEN (du corps de Saxe).
» KRAUSE.
» BLUME.
7 officiers.

Ministère de la guerre :

Lieut.-colonel HARTROT.
Les aides de camp du ministre.
Les officiers attachés au ministère.
BERNER, commissaire en chef des vivres.
Employés supérieurs du ministère.
ZSCHÜSCHNER, maître de poste en chef.

Attachés à l'état-major général :

Les aides de camp du chef de l'état-major général. (Major DE CLAER.)
Conseiller KIENEL, président de la commission exécutive des chemins de fer.
Le corps des chasseurs à cheval (10 officiers).
1 conseiller de chancellerie, premiers typographes, ingénieurs, géographes.

Suite de S. M. le roi :

Lieutenant-général comte PÜCKLER, grand maréchal de la cour.
Comte PERPONCHER, maréchal de la cour.
DE RAUSCH, grand écuyer.
Major DE HILL.
D^r DE LAUER, médecin ordinaire.
BORCK, conseiller aulique privé, secrétaire de S. M.
1 médecin-major, 1 comptable, 1 écuyer, 1 chiffreur.

Cabinet civil :

DE WILMOWSKI, conseiller privé de cabinet.
1 conseiller privé de chancellerie.
1 secrétaire privé de cabinet.
SCHNEIDER, conseiller aulique privé.

A la suite du grand quartier général :

Général-major comte DE BISMARCK, chancelier fédéral.
Duc PLESS, inspecteur du service de secours aux blessés.
ABEKEN, conseiller titulaire de légation.
DE KEUDELL, conseiller privé de légation.
Comte DE BISMARCK-BOHLEN, conseiller de légation.
STIEBER, directeur de la police de campagne.

N.-B. — 8 fonctionnaires subalternes, 81 domestiques, 20 soldats du train, 40 chevaux, 28 voitures à la disposition immédiate des maréchaux de la cour.

ANNEXE II.

Tableau des régiments qui ont pris part à la campagne, avec les noms de leurs commandants.

A. Prusse (Ligne).
a. Infanterie.

1ᵉʳ rég. de la g. à pied. Col. de Röder.
2ᵉ » » » » Cᵗᵉ de Kanitz.
3ᵉ » » » » de Linsingen.
4ᵉ » » » » de Neumann.
Rég. de la garde Empereur Alexandre. Colonel de Zeuner.
Rég. de la garde Reine Élisabeth. Colonel de Zaluskowski.
Rég. de la garde Reine Augusta. Colonel Cᵗᵉ de Waldersee.
Rég. des fusiliers de la garde. Colonel d'Erkert.
Rég. de gren. Nº 1. Col. de Massow.
» » Nº 2. » de Ziemietski.
» » Nº 3. » de Legat.
» » Nº 4. » de Tietzen et Hennig.
» » Nº 5. » d'Einem.
» » Nº 6. » de Flöckher.
» » Nº 7. » de Köthen.
» » Nº 8. Lᵗ-c. de l'Estocq.
» » Nº 9. Col. de Ferentheil.
» » Nº 10. » de Weller.
» » Nº 11. » de Schöning.
» » Nº 12. » de Reuter.
Rég. d'infant. Nº 13. » de Frankenberg.
» » Nº 14. » de Voss.
» » Nº 15. » de Delitz.
» » Nº 16. » de Brixen.

Rég. d'infant. Nº 17. Col. d'Ehrenberg.
» » Nº 18. » Bᵒⁿ de Bock.
» » Nº 19. » de Göben.
» » Nº 20. » de Flatow.
» » Nº 21. Lᵗ-c. de Lobenthal.
» » Nº 22. Col. de Quistorp.
» » Nº 23. » de Briesen.
» » Nº 24. » Cᵗᵉ de Dohna.
» » Nº 25. » de Loos.
» » Nº 26. » de Schmeling.
» » Nº 27. » de Pressentin.
» » Nº 28. » de Rosenzweig.
» » Nº 29. Lᵗ-c. de Blumröder.
» » Nº 30. Col. Nachtigall.
» » Nº 31. » de Bonin.
» » Nº 32. » de Förster.
Rég. de fus. Nº 33. Lᵗ-c. de Henning.
» » Nº 34. » Wahlert.
» » Nº 35. » Duplessis.
» » Nº 36. C. de Brandenstein.
» » Nº 37. Col. de Heinemann.
» » Nº 38. » de Schmeling.
» » Nº 39. » Eskens.
» » Nº 40. » d'Eberstein.
Rég. d'infant. Nº 41. Lᵗ-c. de Meerscheidt.
» » Nº 42. Col. v. d. Knesebeck
» » Nº 43. » de Busse.
» » Nº 44. » de Böcking.
» » Nº 45. » de Mützschefahl.

Rég. d'infant. No 46. Col. d'Eberhardt. Rég. d'infant. No 71. Col. de Klöden.
»   »   No 47.   » de Burghoff.   »   »   No 72.   » de Helldorf.
»   »   No 48.   » de Garrelts.   »   »   No 73. Lt-c. de Löbell.
»   »   No 49. Lt-c. Laurin.   »   »   No 74. Col. de Kameke.
»   »   No 50. Col. Michelmann.   »   »   No 75.   » von der Osten.
»   »   No 51.   » Knipping.   »   »   No 76.   » de Conta.
»   »   No 52.   » de Wulffen.   »   »   No 77.   » de Konrady.
»   »   No 53.   » de Gerstein.   »   »   No 78.   » de Lyncker.
»   »   No 54. Lt-c. de Rechenberg.   »   »   No 79.   » de Valentini.
»   »   No 55. Col. de Barby.   Rég. de fusil. No 80. » de Colomb.
»   »   No 56.   » de Block.   Rég. d'infant. No 81. » de Sell.
»   »   No 57.   » de Kranach.   »   »   No 82.   » de Borries.
»   »   No 58.   » de Rex.   »   »   No 83.   » de Marschall.
»   »   No 59.   » d'Eyl.   »   »   No 84.   » de Winckler.
»   »   No 60.   » de Dannenberg.   »   »   No 85.   » de Falkenhausen
»   »   No 61.   » de Wedell.   Rég. de fusil. No 86. » de Horn.
»   »   No 62.   » de Bessel.   Rég. d'infant. No 87. » de Grolmann.
»   »   No 63.   » de Thielau.   »   »   No 88.   » Köhn de Jaski.
»   »   No 64.   » de Buttlar.   Rég. de gren. No 89. » de Kleist.
»   »   No 65.   » de Dörnberg.   Rég. de fusil. No 90. » de Papstein.
»   »   No 66. Lt-c. Cte de Finken-   Rég. d'infant. No 91. » de Kameke.
              stein.   »   »   No 92. Lt-c. Haberlandt.
»   »   No 67. Col. de Zlinitzki.   »   »   No 93. Col. de Krosigk.
»   »   No 68.   » de Sommerfeld.   »   »   No 94.   » de Bessel.
»   »   No 69.   » Bayer de Karger.   »   »   No 95.   » de Beckedorf.
»   »   No 70.   » Mettler.   »   »   No 96. Lt-c. de Redern.

b. **Cavalerie.**

Rég. des g. du corps. Col. de Krosigk. Rég. de cuir. No 5. Lt-c. Arentschildt.
Rég. de cuir. de la g. » Bon de Bran-   »   »   No 6.   » Cte Lynar.
        denstein.   »   »   No 7.   » de Larisch.
1er rég. de drag. de la g. » d'Auerswald. » »   No 8. Col. Cte Rödern.
2e   »   »   »   » Cte de Finken-   Rég. de drag. No 1. Lt-c. de Massow.
        stein.   »   »   No 2. Col. de Drigalski.
Rég. de huss. de la g. Lt-c. de Hymmen. »   »   No 3.   » de Willissen.
1er rég. de lanc.   » de Rochow.   »   »   No 4. Lt-c. de Schenk.
2e   »   »   » Col. Pce Henri de   »   »   No 5. Col. Wrigt.
        Hesse.   »   »   No 6.   » de Houwaldt.
3e   »   »   »   » Pce de Hohen-   »   »   No 7. Lt-c. de Schleinitz.
        lohe.   »   »   No 8. Col. de Winterfeld.
Rég. de cuir. No 1. Col. d'Oppen.   »   »   No 9.   » Cte Hardenberg.
»   »   No 2.   » de Pfuhl.   »   »   No 10. » von der Goltz.
»   »   No 3.   » de Winterfeld.   »   »   No 11. Lt-c. de Gurretzki.
»   »   No 4.   » d'Arnim.   »   »   No 12. Maj. de Salomon.

— 225 —

Rég. de drag. No 13. Col. de Brauchitsch.
» » No 14. » de Schön.
» » No 15. » de Busse.
» » No 16. Lt-c. de Waldow.
» » No 17. Col. de Kahlden.
» » No 18. Lt-c. de Rathenow.
» » No 19. Col. de Throtha.
Rég. de huss. No 1. » de Hanstein.
» » No 2. » de Schauroth.
» » No 3. » de Zieten.
» » No 4. Maj. de Brozowski.
» » No 5. Col. de Salmuth.
» » No 6. Lt-c. de Grävenitz.
» » No 7. Col. de Loë.
» » No 8. Lt-c. Arent.
» » No 9. Col. de Wittich.
» » No 10. » de Weise.
» » No 11. Lt-c. d'Eller-Eberstein.
» » No 12. » de Suckow.
» » No 13. » de Heuduck.

Rég. de huss. No 14. Col. de Bernuth.
» » No 15. » de Cosel.
» » No 16. » de Schmidt.
» » No 17. Lt-c. de Rauch.
Rég. de lanc. No 1. Col. de Reckow.
» » No 2. Lt-c. Rode.
» » No 3. Col. Cte Gröben.
» » No 4. » de Radecke.
» » No 5. » de Reitzenstein.
» » No 6. Maj. de Knobloch.
» » No 7. Lt-c. de Petsel.
» » No 8. Col. de Below.
» » No 9. L.-c. de Kleist.
» » No 10. Col. de Barneckow.
» » No 11. » Cte Solms.
» » No 12. » de Rosenberg.
» » No 13. » de Schack.
» » No 14. » de Lüderitz.
» » No 15. » d'Alvensleben.
» » No 16. Maj. v. d. Dollen.

c. Artillerie.

Rég. d'art. de camp. de la garde. Colonel de Scherbening.
Rég. d'art. de camp. No 1. Col. Jungé.
» » » No 2. » Petzel.
» » » No 3. » de Dresky.
» » » No 4. » Crusius.
» » » No 5. Lt-c. Köhler.

Rég. d'art. de camp. No 6. Col. Arnold.
» » » No 7. » de Helden.
» » » No 8. » de Bröcker.
» » » No 9. » de Jagemann.
» » » No 10. » v. d. Goltz.
» » » No 11. » d'Oppeln.

B. Saxe. (XIIe Corps fédéré.)

a. Infanterie.

1er rég. de g. No 100. Col. Garten.
2e » » No 101. » de Seydlitz.
Rég. d'infant. No 102. » Rudorff.
» » No 103. » de Rohrscheidt
» » No 104. » d'Elterlein.

Rég. d'infant. No 105. Col. de Tettau.
» » No 106. » de Abendroth
» » No 107. » de Leonhardi.
Rég. de tirail. No 108. » de Hausen.

b. Cavalerie.

Rég. de cav. de la g. Col. de Carlowitz.
1er rég. de cav. Lieut.-Col. de Sahr.
2e » » Major Genthe.

3e rég. de cavalerie Col. de Sandfest.
1er rég. de lanc. No 17. » de Miltitz.
2e » » No 18. » de Trosky.

c. Artillerie.

Régiment d'artillerie de campagne N° 12. Colonel Funcke.

C. Hesse-Darmstadt. (Partie du IXe Corps.)

a. Infanterie.

1er rég. des g. du c. Commd^t. vacant.   3e rég. d'infant. Colonel de Lyncker.
2e rég. d'infant. Colonel Kraus.   4e » » Commd^t vacant.

b. Cavalerie.

1er rég. de cav. (garde). Commd^t vacant.   2e rég. de cav. Colonel de Bruchenröder.

D. Bavière.

a. Infanterie.

Rég. d'inf. de la g. Col. de Tauffenbach.   8e rég. d'infant. L^t-c. Pöllath.
1er rég. d'infant. » de Roth.   9e » » Commd^t. vacant.
2e » » » von der Tann.   10e » » Col. Ritter.
3e » » » Dessloch.   11e » » » Cte Leublfing.
4e » » » de Thireck.   12e » » » Heyl.
5e » » » Mühlbauer.   13e » » » de Berg.
6e » » » Bösmüller.   14e » » » Schiber.
7e » » » de Wissel.   15e » » » de Berchem.

b. Cavalerie.

1er rég. de cuir. Col. Feichtmayr.   4e rég. de ch.-lég. Col. de Leonrod.
2e » » » Cte de Tattenbach.   5e » » » de Weinrich.
1er rég. de ch.-lég. » de Mulzer.   6e » » » de Krauss.
2e » » » Horadam.   1er rég. de lanc. » Cte Ysenbourg.
3e » » » de Leonrod.   2e » » » de Pflummern.

c. Artillerie.

1er rég. d'artil. Col. von der Tann.   3e rég. d'artil. Col. Lutz.
2e » » » de Pillement.   4e » » » de Müller.

E. Wurtemberg.

a. Infanterie.

1er rég. d'infant. Col. de Berger.   5e rég. d'infant. Comm^t. vacant.
2e » » » Cte Reichschach.   6e » » Col. de Zimmerle.
3e » » » de Pfeiffelmann.   7e » » » de Rampacher.
4e » » » Burkhardt.   8e » » » de Mauch.

b. Cavalerie.

1er rég. de caval. Col. de Harling.   3e rég. de caval. Col. de Falkenstein.
2e » » » de Veiel.   4e » » » de Normann.

c. Artillerie.

Régiment d'artillerie de campagne. Colonel de Wöllwarth.

F. Grand-duché de Bade.

a. Infanterie.

1er rég. de gren. g. du c. Col. de Wechmar.	4e rég. d'infanterie.	Col. Bayer.
2e rég. de grenadiers. » de Renz.	5e » »	» Sachs.
3e rég. d'infanterie. » Müller.	6e » »	» Bauer.

b. Cavalerie.

1er rég. de drag. g. du c. Lt-c. de Schäffer.   3e rég. de dragons. Lt-c. de Gemmingen.
2e rég. de dragons. » Wirth.

c. Artillerie.

Régiment d'artillerie de campagne. Colonel Schellenberg.

G. Régiments de landwehr prussienne formés.

(Infanterie).

a. Régiments mobiles (des Provinces).

1er régiment combiné, Poméranie.	Colonel de Zitzewitz.
2e » » »	» de Ostrowski.
3e » » »	Lieut.-col. de Berger.
4e « » »	Colonel Gericke.
1er régiment combiné, Brandebourg.	Lieut.-col. de Stülpnagel.
2e » » »	» de Kettler
3e » » »	» Steinfeld.
4e » » »	Colonel de Krohn.
Régiment combiné, Prusse orientale.	Lieut.-col. de Brandenstein.
Régiment combiné, Basse-Silésie.	» de Cosel.
1er régiment combiné, Posen.	» de Bönigk.
2e » » »	» de Wittgenstein.

N.-B. 1. Les régiments de landwehr qui ont été mobilisés dans la suite, seront renseignés dans la 2e partie, ainsi que les noms de leurs commandants.

b. Régiments de garnison formés, à 4 bataillons.

Régiment de landwehr, Coblence.	Lieut.-col. de Richenberg.
1er rég. de landwehr, Cologne.	Lieut.-col. de Schramm.
2e » » »	» de Kameke.
3e » » »	» Preuss.
1er rég. de landwehr Wesel.	» Bauer.
2e » » »	» de Schnehen.
Régiment de landwehr, Minden.	» Lettgau.
Régiment de landwehr, Neisse.	» Paucke.
Régiment de landwehr, Glatz.	» Gebauer.

1er rég. de landwehr, Torgau.   Lieut.-col. de Flotow.
2e » » »   Colonel de Hippel.
Régiment de landwehr, Glogau.   » Tschudi.
Régiment de landwehr, Sonderburg-Düppel.   » de Fischer-Treuenfeld.
Régiment de landwehr, Kiel-Friedrichsort.   » de Krane.
Régiment de landwehr, Dantzig et Weichselmünde.   » d'Usedom.
Régiment de landwehr, Königsberg.   Lieut.-col. Scheuermann.
1er rég. de landwehr, Magdebourg.   » d'Ende.

Régiments mobiles de landwehr de la garde.

1er régiment de landwehr de la garde.   Lieut.-col. de Plehwe.
2e » » »   » de Grawert.
1er régiment de grenadiers de landwehr de la garde.   » de Rauchhaupt.
2e » » » »   » de Glyszynski.

N.-B. 2. — Les bataillons de landwehr non compris dans les régiments des deux tableaux précédents, n'étaient pas enrégimentés.

H. Régiments de cavalerie de réserve formés (Landwehr).

1er régiment de hussards de réserve, Cöslin.   Major de Helden Sarnowski.
2e » » » Mersebourg.   » Cte de Dohna.
3e » » » Lissa. Pol.   Colonel de Glasenapp.
4e » » » Ohlau.   Major de Dobschütz.
5e » » » Paderborn.   Lieut.-colonel de Waldegg.
6e » » » Bonn.   » de Jastrzembski.
1er régiment de dragons de réserve, Tilsit.   Major de Keltsch.
2e » » » Francfort s/O.   » de Walter.
1er régiment de lanciers de réserve, Elbing.   Lieut.-colonel de Wulffen.
2e » » » Schneidemühl.   » Zitzewitz.
3e » » » Fürstenwalde.   » de Schmidt.
4e » » » Halberstadt.   Major de Bomsdorf.
5e » » » Ratibor.   Lieut.-colonel de Bode.
6e » » » Düsseldorf.   » Vietsch.
7e » » » Deutz.   » de Mutius.

N.-B. 3. — Toutes les troupes qui n'étaient pas formées en régiments, par exemple les chasseurs et les pionniers (qui figurent dans l'ordre de bataille), ne sont pas indiquées dans ces tableaux.

Les noms des commandants supérieurs suppléants, des inspecteurs d'étapes, et des fonctionnaires militaires supérieurs, ainsi que ceux de tous les chefs qui ont rempli des fonctions importantes pendant la guerre, par exemple le commandant de l'artillerie de siége etc., seront portés, par la suite, sur le tableau des nouvelles formations.

ANNEXE III.

Tableau de dislocation des troupes de remplacement de toutes armes de l'Allemagne du Nord.

A. Infanterie.

Corps de la garde.

Bataillon de remplacement du 1er régiment de la garde à pied. Potsdam.
»	»	2e	»	»	»	Berlin.
»	»	3e	»	»	»	Hanovre.
»	»	4e	»	»	»	Berlin.
»	»	Rég. de gren. de la garde Emp. Alexandre. Berlin.
»	»	» » » Emp. François. »
»	»	3e régiment de grenadiers. Breslau.
»	»	4e » » Coblence.
»	»	Rég. de fusiliers de la garde. Berlin.

Compagnie de remplacement du bataillon de chasseurs. Potsdam.
| » | » | du bataillon de tirailleurs. Berlin. |

Ier Corps.

Bataillon de remplacement du régiment de grenadiers N° 1. Königsberg.
»	»	»	»	N° 3.	Lötzen.
»	»	»	»	N° 4.	Dantzig.
»	»	»	»	N° 5.	»
»	»	du régiment d'infanterie N° 41.	Königsberg.
»	»	»	»	N° 43.	»
»	»	»	»	N° 44.	Dantzig.
»	»	»	»	N° 45.	Graudenz.
»	»	du régiment de fusiliers N° 33.	Cologne.

Compagnie de remplacement du bataillon de chasseurs N° 1. Marienbourg.

IIe Corps.

Bataillon de remplacement du régiment de grenadiers N° 2. Stettin.
»	»	»	»	N° 9.	»
»	»	du régiment d'infanterie N° 14.	»
»	»	»	»	N° 21.	»

Bataillon de remplacement du régiment d'infanterie N° 42. Stralsund.
» » » » N° 49. Stettin.
» » » » N° 54. Colberg.
» » » » N° 61. Thorn.
» » du régiment de fusiliers N° 34. Francf. s/M.
Compagnie de remplacement du bataillon de chasseurs N° 2. Greifswald.

IIIe Corps.

Bataillon de remplacement du régiment de grenad. N° 8. Cüstrin.
» » » » N° 12. Spandau.
» » » d'infanterie N° 20. Wittenberg.
» » » » N° 24. Stralsund.
» » » » N° 48. Cüstrin.
» » » » N° 52. Spandau.
» » » » N° 60. Wittenberg.
» » » » N° 64. Stralsund.
» » du régiment de fusiliers N° 35. Magdebourg.
Compagnie de remplacement du bataillon de chasseurs N° 3. Torgau.

IVe Corps.

Bataillon de remplacement du régiment d'infanterie N° 26. Magdebourg.
» » » » N° 27. »
» » » » N° 31. Erfurt.
» » » » N° 66. Magdebourg.
» » » » N° 67. »
» » » » N° 71. Erfurt.
» » » » N° 72. Torgau.
» » » » N° 93. Dessau.
» » » » N° 96. Altenbourg.
» » du régiment de fusiliers N° 86. Erfurt.
» » » » N° 36. Kiel.
Compagnie de remplacement du bataillon de chasseurs N° 4. Magdebourg.

Ve Corps.

Bataillon de remplacement du régiment de grenadiers N° 6. Posen.
» » » » N° 7. »
» » du régiment d'infanterie N° 46. »
» » » » N° 47. »
» » » » N° 50. »
» » » » N° 58. Glogau.
» » » » N° 59. »
» » du régiment de fusiliers N° 37. Posen.
Compagnie de remplacement du bataillon de chasseurs N° 5. »

VIᵉ Corps.

Bataillon de remplacement du régiment de grenadiers N° 10. Breslau.
» » » du régiment d'infanterie N° 18. »
» » » » N° 22. Cosel.
» » » » N° 23. Neisse.
» » » » N° 51. Breslau.
» » » » N° 62. Glatz.
» » » » N° 63. Neisse.
» » » du régiment de fusiliers N° 38. Breslau.
Compagnie de remplacement du bataillon de chasseurs N° 6. »

VIIᵉ Corps.

Bataillon de remplacement du régiment d'infanterie N° 13. Münster.
» » » » N° 15. Minden.
» » » » N° 53. Wesel.
» » » » N° 55. Minden.
» » » » N° 74. Cologne.
» » » » N° 77. Wesel.
» » » » N° 39. »
» » du régiment de fusiliers N° 73. Münster.
Compagnie de remplacement du bataillon de chasseurs N° 7. Cologne.

VIIIᵉ Corps.

Bataillon de remplacement du régiment d'infanterie N° 19. Mayence.
» » » » N° 28. Cologne.
» » » » N° 29. Deutz.
» » » » N° 30. Mayence.
» » » » N° 65. Cologne.
» » » » N° 68. Coblence.
» » » » N° 69. Neuwied.
» » » » N° 70. Sarrelouis.
» » » » N° 81. Mayence.
» » » » N° 87. »
» » du régiment de fusiliers N° 40. Cologne.
Compagnie de remplacement du bataillon de chasseurs N° 8. Vallendar.

IXᵉ Corps.

Bataillon de remplacement du régiment de grenadiers N° 11. Altona.
» » du régiment d'infanterie N° 25. Sonderbourg-Düppel.
» » » » N° 75. Brême.
» » » » N° 76. Hambourg.
» » » » N° 84. Sonderbourg-Düppel.
» » » » N° 85. Rendsbourg.
» » du régiment de grenadiers N° 89. Lübeck.
» » du régiment de fusiliers N° 90. Wismar.
Compagnie de remplacement du bataillon de chasseurs N° 9. Lübeck.
» » » » N° 14. Schwerin.

Xᵉ Corps.

Bataillon de remplacement du régiment d'infanterie N° 16. Hanovre.
» » » » N° 17. Celle.
» » » » N° 56. Göttingen.
» » » » N° 57. Hanovre.
» » » » N° 78. Emden.
» » » » N° 79. Hildesheim.
» » » » N° 91. Oldenbourg.
» » » » N° 92. Brunswick.
Compagnie de remplacement du bataillon de chasseurs N° 10. Goslar.

XIᵉ Corps.

Bataillon de remplacement du régiment d'infanterie N° 32. Meiningen.
» » » » N° 82. Francfort s/M.
» » » » N° 83. Cassel.
» » » » N° 88. Francfort s/M.
» » » » N° 94. Weimar.
» » » » N° 95. Gotha.
» » du régiment de fusiliers N° 80. Cassel.
Compagnie de remplacement du bataillon de chasseurs N° 11. Wiesbaden.

XIIᵉ Corps. (Royaume de Saxe).

Bataillon de remplacement du régiment de grenadiers N° 100. Dresde.
» » » » N° 101. »
» » du régiment d'infanterie N° 102. »
» » » » N° 103. »
» » » » N° 104. Zwickau.
» » » » N° 105. Dresde.
» » » » N° 106. Chemnitz.
» » du régiment de tirailleurs N° 107. Leipzig.
Compagnie de remplacement du bataillon de chasseurs N° 12. Dresde.
» » » » N° 13. »

Division hessoise (25ᵉ).

Bataillon de remplacement du 1ᵉʳ régiment d'infanterie. Darmstadt.
» » 2ᵉ » » Giessen.
» » 3ᵉ » » Darmstadt.
» » 4ᵉ » » »
Compagnie de remplacement du 1ᵉʳ bataillon de chasseurs. Friedberg.
» » 2ᵉ » » Offenbach.

B. Cavalerie, artillerie, pionniers et train.

Corps de la garde.

Escadron de remplacement du régiment des gardes du corps. Potsdam.
» » régiment de cuirassiers de la garde. Berlin.
» » régiment de hussards de la garde. Potsdam.
» » 1er régiment de lanciers de la garde. »
» » 2e » » » » Berlin.
» » 3e » » » » Potsdam.
» » 1er régiment de dragons de la garde. Berlin.
» » 2e » » » » »
Division de remplacement du régiment d'artillerie de campagne. »
Compagnie de remplacement du bataillon de pionniers. »
Division de remplacement du bataillon du train. »

Ier Corps.

Escadron de remplacement du régiment de cuirassiers N° 3. Königsberg
» » » de dragons N° 1. Tilsit.
» » » de lanciers N° 12. Friedland.
» » » de dragons N° 10. Landsberg s/W.
» » » de hussards N° 1. Dantzig.
» » » de lanciers N° 8. Elbing.
Division de remplacement du régiment d'art. de camp. N° 1. Königsberg.
Compagnie de remplacement du bataillon de pionniers N° 1. Dantzig.
Division de remplacement du bataillon du train N° 1. Königsberg.

IIe Corps.

Escadron de remplacement du régiment de cuirassiers N° 2. Pasewalk.
» » » de dragons N° 3. Belgard.
» » » de lanciers N° 9. Pasewalk.
» » » de dragons N° 11. Belgard.
» » » de hussards N° 5. Stolp.
» » » de lanciers N° 4. Cöslin.
Division de remplacement du régiment d'art. de camp. N° 2. Stettin.
Compagnie de remplacement du bataillon de pionniers N° 2. »
Division de remplacement du bataillon du train N° 2. Liebenwalde.

IIIe Corps.

Escadron de remplacement du régiment de dragons N° 2. Schwedt.
» » » » N° 12. Francfort s/O.
» » » de lanciers N° 3. Fürstenwalde.
» » » de cuirassiers N° 6. Brandebourg s/H.
» » » de hussards N° 3. Rathenow.
» » » de lanciers N° 15. Perleberg.
Division de remplacement du régiment d'art. de camp. N° 3. Jüterbogk.
Compagnie de remplacement du bataillon de pionniers N° 3. Torgau.
Division de remplacement du bataillon du train N° 3. Berlin.

IVᵉ Corps.

Escadron de remplacement du régiment de cuirassiers Nº 7. Halberstadt.
» » » de dragons Nº 7. Stendal.
» » » de hussards Nº 10. Aschersleben.
» » » de lanciers Nº 16. Saltzwedel.
» » » de dragons Nº 13. Schmiedeberg.
» » » de hussards Nº 12. Mersebourg.
Division de remplacement du régiment d'art. de camp. Nº 4. Magdebourg.
Compagnie de remplacement du bataillon de pionniers Nº 4. »
Division de remplacement du bataillon du train Nº 4. »

Vᵉ Corps.

Escadron de remplacement du régiment de cuirassiers Nº 5. Herrnstadt.
» » » de dragons Nº 4. Lüben.
» » » de lanciers Nº 10. Züllichau.
» » » de dragons Nº 14. Lissa. Pol.
» » » de hussards Nº 2. Posen.
» » » de lanciers Nº 1. Militsch.
Division de remplacement du rég. d'artil. de campagne Nº 5. Posen.
Compagnie de remplacement du bataillon de pionniers Nº 5. Glogau.
Division de remplacement du bataillon du train. Nº 5. Posen.

VIᵉ Corps.

Escadron de remplacement du régiment de cuirassiers Nº 1. Breslau.
» » » de dragons Nº 8. Oels.
» » » de hussards Nº 4. Ohlau.
» » » de dragons Nº 15. Gr.-Strehlitz.
» » » de hussards Nº 6. Neustadt.
» » » de lanciers Nº 2. Ratibor.
Division de remplacement du rég. d'artil. de campagne Nº 6. Breslau.
Compagnie de remplacement du bataillon de pionniers Nº 6. Neisse.
Division de remplacement du bataillon du train. Nº 6. Breslau.

VIIᵉ Corps.

Escadron de remplacement du régiment de hussards Nº 8. Neuhaus.
» » » de lanciers Nº 14. Münster.
» » » » Nº 5. Düsseldorf.
» » » de hussards Nº 15. »
Division de remplacement du rég. d'artil. de campagne Nº 7. Münster.
Compagnie de remplacement du bataillon de pionniers Nº 7. Deutz.
Division de remplacement du bataillon du train. Nº 7. Münster.

VIIIᵉ Corps.

Escadron de remplacement du régiment de cuirassiers	Nº 8. Deutz.
» » » de hussards	Nº 7. Bonn.
» » » »	Nº 9. »
» » » de lanciers.	Nº 7. Siegbourg.
Division de remplacement du rég. d'artil. de campagne	Nº 8. Coblence.
Compagnie de remplacement du bataillon de pionniers	Nº 8. »
Division de remplacement du bataillon du train.	Nº 8. »

IXᵉ Corps.

Escadron de remplacement du régiment de dragons	Nº 17. Ludwigslust.
» » » »	Nº 18. Parchim.
» » » de lanciers	Nº 11. Wandsbeck.
» » » de dragons	Nº 6. Flensbourg.
» » » de hussards	Nº 16. Schleswig.
Division de remplacement du rég. d'artillerie de campagne	Nº 9. Rendsbourg.
Compagnie de remplacement du bataillon de pionniers	Nº 9. »
Division de remplacement du bataillon du train	Nº 9. »

Xᵉ Corps.

Escadron de remplacement du régiment de cuirassiers	Nº 4. Verden.
» » » de dragons	Nº 9. Osnabrück.
» » » »	Nº 19. Oldenbourg.
» » » »	Nº 16. Northeim.
» » » de hussards	Nº 11. Lünebourg.
» » » »	Nº 17. Brunswick.
» » » de lanciers	Nº 13. Hanovre.
Division de remplacement du rég. d'artillerie de campagne	Nº 10. »
Compagnie de remplacement du bataillon de pionniers	Nº 10. Minden.
Division de remplacement du bataillon du train	Nº 10. Hanovre.

XIᵉ Corps.

Escadron de remplacement du régiment de dragons	Nº 5. Francfort s/M.
» » » de hussards	Nº 14. Cassel.
» » » »	Nº 13. Hofgeismar.
» » » de lanciers	Nº 6. Mulhouse.
Division de remplacement du rég. d'artillerie de campagne	Nº 11. Cassel.
Compagnie de remplacement du bataillon de pionniers	Nº 11. »
Division de remplacement du bataillon du train	Nº 11. »

XIIᵉ Corps. (Royaume de Saxe.)

Escadron de remplacement du rég. de cav. de la garde.	Pirna.
» » du 1ᵉʳ régiment de cavalerie	Grossenhain.

Escadron de remplacement du rég. de cav. de la garde.   Grimma.
»   »   3e   »   »   Borna.
»   »   du 1er régiment de lanciers   Oschatz.
»   »   2e   »   »   Rochlitz.
Division de remplacement du rég. d'artil. de campagne   No 12. Dresde et environs
Compagnie de remplacement du bataillon de pionniers   No 12. Dresde.
Division de remplacement du bataillon du train   No 12. »

Division hessoise (25e).

Escadron de remplacement du 1er régiment de cavalerie   Babenhausen.
»   »   2e   »   Darmstadt.
Division de remplacement d'artillerie de campagne.   Bessungen-l.-Darmst.
Compagnie de remplacement de pionniers.   »
Division de remplacement du train.   Darmstadt.

TABLE DES MATIÈRES.

    Avant-propos.. 5
- I. Résumé historique des causes de la guerre................... 7
- II. Exposé de la situation militaire de la Prusse avant le conflit... 16
- III. Perfectionnements apportés dans certaines parties de l'organisation militaire de la Prusse, depuis 1866 jusqu'à l'explosion de la guerre... 23
- IV. Le théâtre de la guerre à la frontière franco-allemande....... 32
- V. Comparaison et récapitulation des forces militaires des deux belligérants, avec indication des réserves disponibles....... 45
- VI. Le plan de campagne de l'armée française et son ordre de bataille... 54
- VII. Le plan de campagne du roi Guillaume et l'ordre de bataille allemand.. 81
- VIII. Premières opérations.. 111
- IX. Positions respectives des armées après la prise de Sarrebruck; combat de Wissembourg...................................... 124
- X. Les têtes de colonne des Iᵉ et IIᵉ armées se portent sur la Sarre. — Bataille de Sarrebruck, 6 août......................... 140
- XI. Bataille de Woerth... 172
- XII. Résumé des conséquences immédiates des journées des 4 et 6 août.. 212

ANNEXES.

I. Grand quartier général du roi Guillaume 221
II. Tableau des régiments qui ont pris part à la campagne, avec les noms de leurs commandants 223
III. Tableau de dislocation des troupes de remplacement de toutes armes de l'Allemagne du Nord........................ 229

CARTES.

I. Le théâtre de la guerre à la frontière franco-allemande.
II. Combat de Wissembourg.
III. Bataille de Sarrebruck, 6 août.
IV. Bataille de Woerth.

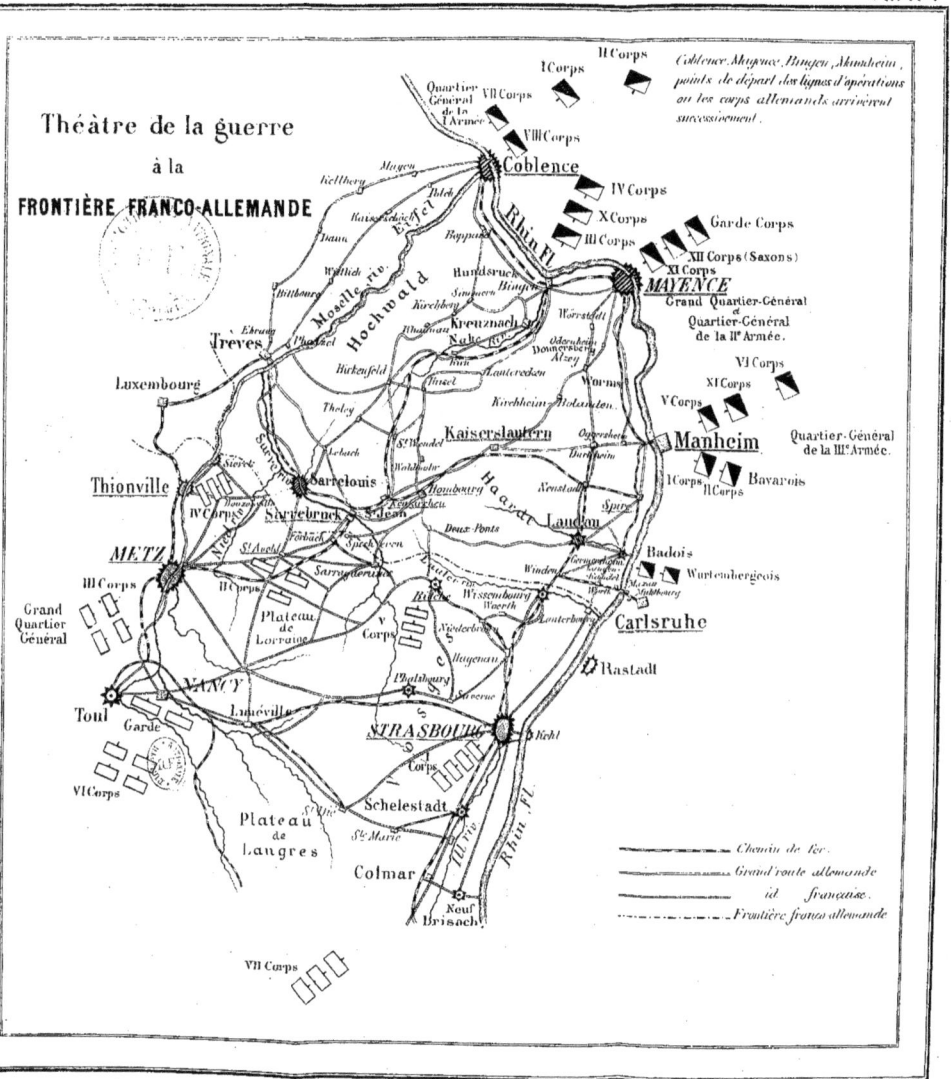

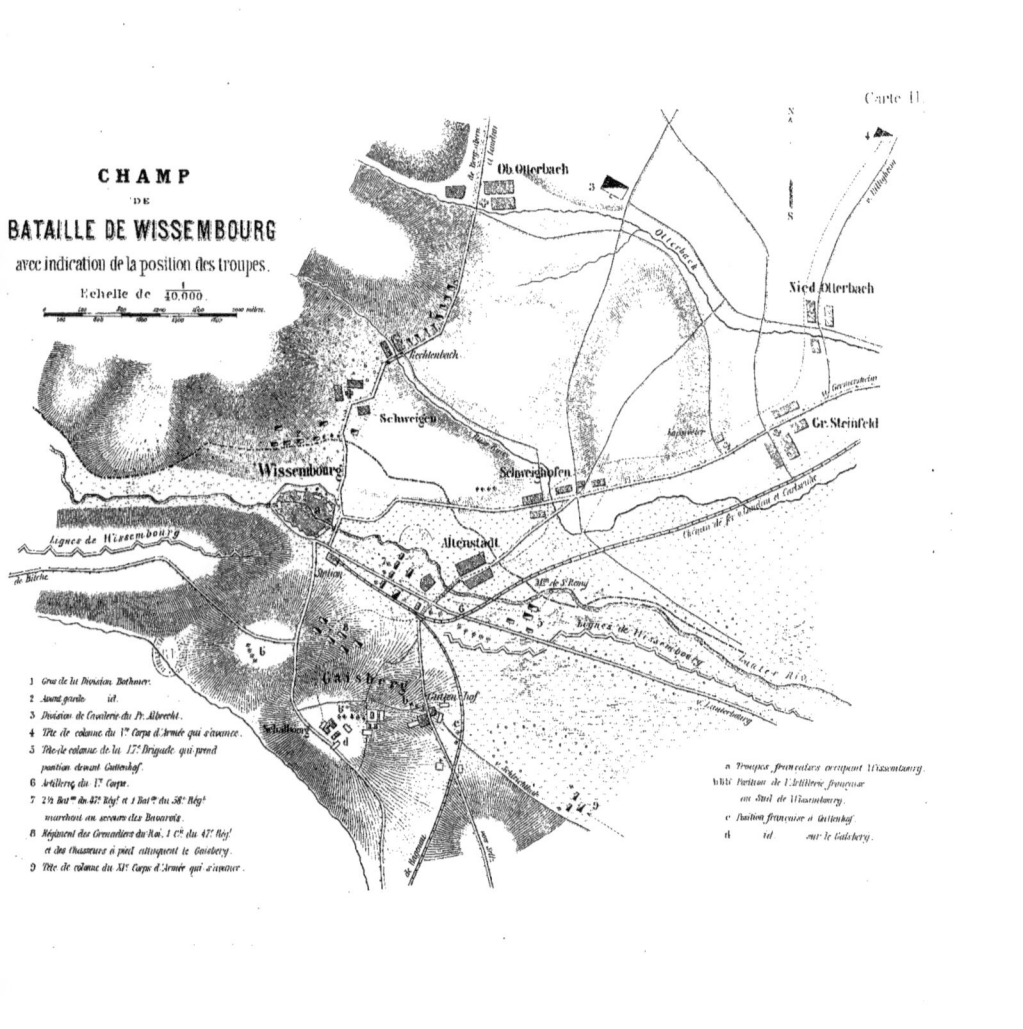

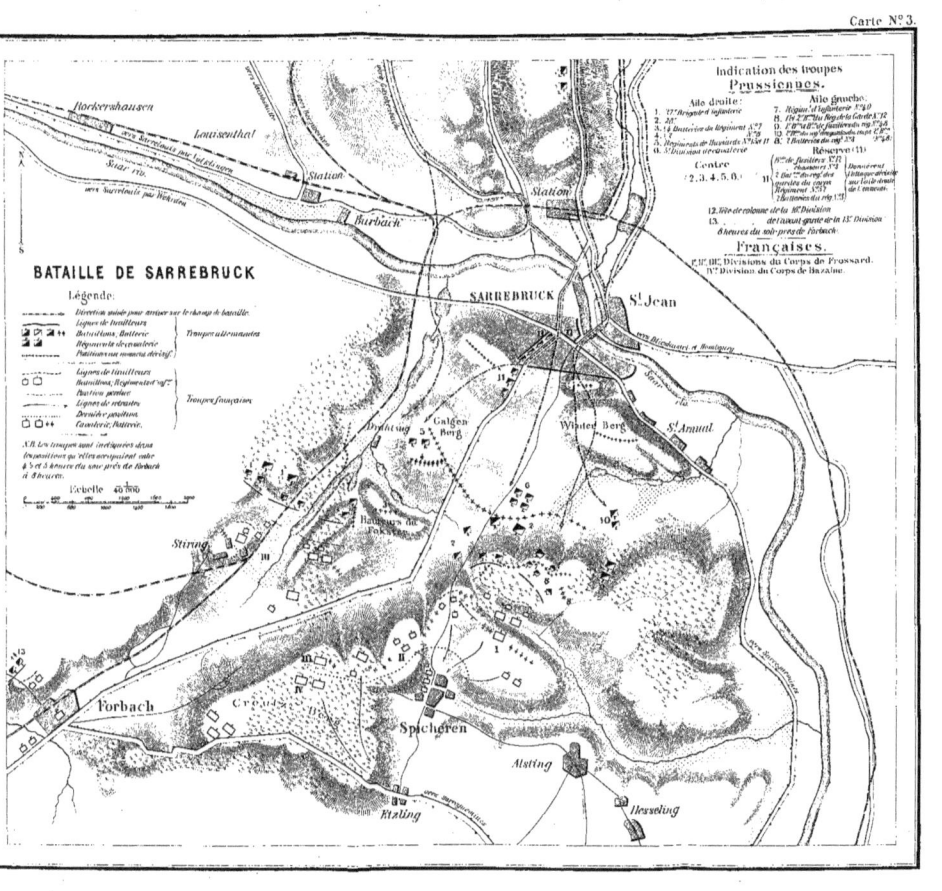

Bataille de Woerth.

www.ingramcontent.com/pod-product-compliance
Lightning Source LLC
Chambersburg PA
CBHW070657170426
43200CB00010B/2271